PROJET
D'ORGANISATION
DE
L'IMPRIMERIE-LIBRAIRIE,
ET DES ARTS, ÉTATS ET PROFESSIONS
QUI Y SONT ATTACHÉS OU QUI EN DÉPENDENT.

PROJET D'ORGANISATION DE L'IMPRIMERIE-LIBRAIRIE,

ET DES ARTS, ETATS ET PROFESSIONS

QUI Y SONT ATTACHÉS OU QUI EN DÉPENDENT;

ADRESSÉ

A SA MAJESTÉ EMPEREUR ET ROI,

PROTECTEUR DE LA CONFÉDÉRATION DU RHIN,

EN CONSEIL D'ÉTAT.

PAR M. CHOLET DE JETPHORT, ancien Avocat, ci-devant Imprimeur-Libraire.

Est modus in rebus.

A PARIS,

DE L'IMPRIMERIE DE MIGNERET,

RUE DU SÉPULCRE, F. S. G., N.° 20.

ACHEVÉ D'IMPRIMER LE 27 OCTOBRE 1807.

A SA MAJESTÉ

EMPEREUR ET ROI,

PROTECTEUR DE LA CONFÉDÉRATION DU RHIN,

EN CONSEIL D'ETAT.

SIRE,

La protection signalée, accordée par Votre Majesté à la littérature, aux sciences et aux arts, l'encouragement honorable qui en est le résultat (1), suffisent sans doute pour faire présager l'accroissement de leurs progrès. Mais cette grande et belle idée, digne du Monarque qui l'a conçue, ne serait qu'impar-

(1) Décret impérial du 24 fructidor an XII (11 septembre 1804), par lequel Sa Majesté annonce qu'Elle décernera, tous les dix ans, des grands prix aux gens de lettres, savans, etc., et qu'ils seront couronnés de sa propre main.

faitement accomplie, si on ne remplissait les vues de VOTRE MAJESTÉ sur tous les états qui dépendent des sciences et des arts.

Entreprendre d'y rétablir l'harmonie, c'est entrer dans les vues de son Souverain; suivre, pour y parvenir, la route tracée par les hommes de génie auxquels la reconnaissance publique a décerné la palme de l'immortalité, c'est lui présenter son ouvrage.

Ce sera donc d'après les bases posées par Colbert, les réglemens médités par d'Aguesseau, que j'aurai l'honneur de proposer à VOTRE MAJESTÉ une nouvelle organisation pour ces différens états; organisation qui fixe en même temps le sort des génies créateurs auxquels ils doivent tous le jour.

En jetant d'abord ses regards sur la littérature, tout paraît en dériver; on en voit éclore l'art de communiquer rapidement ses idées; cet art donna naissance à celui de la gravure et de la fonderie en caractères : ce dernier resta confondu pendant long-temps avec la typographie, qui seule alors fixait l'attention par la multiplicité des lumières qu'elle répandait. Mais quels que soient les avantages qu'elle nous ait conservés, tout le monde ne lit point, et le moyen de faire germer dans le cœur de l'homme indolent ou paresseux les semences de morale et de vertu, serait encore imparfait, si l'art de la déclamation ne venait parfois au secours de la typographie.

C'est à l'heureuse alliance de ces arts, c'est à leur salutaire enchaînement avec les lois, qu'on a dû, pendant une longue suite de siècles, le bon ordre de la société.

Il importe donc, pour l'y maintenir à jamais, de rendre ces professions à la pureté de leur origine, et de les préserver elles-mêmes du danger de leurs propres écarts.

Livrés tout entiers aux soins qu'elles exigent, ceux qui les exercent pourront alors s'occuper fructueusement de les conduire à la perfection dont elles sont susceptibles.

Mais pour obtenir ces succès que les lumières du siècle donnent droit d'attendre, tous les états qui sont inhérens à ces professions, ou qui en dérivent, doivent entrer en même temps dans ce mode d'organisation.

La typographie, par exemple, ne peut reparaître dans tout son lustre, si la fonderie de caractères, si la fabrication des papiers ne s'exercent pas avec elle sous l'empire des lois.

La librairie, cette branche importante de la typographie, dans laquelle l'homme de lettres n'a pas trouvé jusqu'à présent une garantie suffisante contre la mauvaise foi, ou le danger des chances du commerce, ne réclame pas une attention moins sérieuse.

Le colportage, la reliure, la brochure qui dérivent encore de la librairie, n'ont pas moins besoin que l'harmonie se rétablisse entre eux.

Enfin, l'art de la déclamation, l'ornement de la chaire et du barreau, tient de trop près à l'art dramatique, pour qu'on ne s'occupe pas aussi de ce dernier relativement aux gens de lettres et aux compositeurs de musique; alors la conservation des droits de ceux-çi exige l'organisation des graveurs, imprimeurs et marchands de musique.

Et comme tous les autres genres de gravures sont également les fruits du génie, du dessin ou de la peinture, il doit résulter de l'organisation générale des états attachés à la littérature, aux sciences et aux arts, un Code complet de lois, dans lequel se trouveront nécessairement compris les imprimeurs en taille-douce, les marchands d'estampes, d'images, de cartes de géographie, qui assurera la garantie des propriétés des dessinateurs, peintres, graveurs, ou géographes.

Pour le maintien de l'harmonie respective de tous ces états, je propose la création d'un Directoire des sciences et des arts, composé de quatre administrateurs, présidés par un directeur-général à la nomination de Votre Majesté, et dont l'inspection s'étendra dans tout l'Empire sur vingt-deux Sous-directoires, sous l'autorité du Grand-Juge, Ministre de la justice, celle du Ministre de l'intérieur, la surveillance du Ministre de la police générale, et celle des autorités locales; cette administration qui réunira tout ce qui a rapport à la littérature, aux sciences et aux arts, sera à-la-fois la sauve-garde de tous les commerces qui en dépendent, le soutien et l'appui des gens de lettres et auteurs en tous genres. Les sciences et les arts marcheront par ce moyen, d'un pas égal, à leur perfection, et ce siècle verra remplir les vues du Monarque bienfaisant dont l'illustration du nom français fait toute la sollicitude.

Les différens réglemens que j'ai l'honneur de soumettre successivement à l'approbation de VOTRE MAJESTÉ en Conseil d'État, sont tous précédés d'un apperçu raisonné qui en établit les motifs, et appuyés d'autorités qui les justifient.

APPERÇU
SUR
LA FONDERIE EN CARACTERES.

La fonderie en caractères comprenait, dans son origine, la gravure des poinçons, la frappe des matrices, la fonte des lettres et le moyen d'en faire usage. L'exercice de la réunion de ces talens était connu sous le nom de Typographie, parce que la racine de ce mot caractérise ces divers procédés; l'acception n'en était cependant pas encore reçue en 1743. Mais depuis que chez des génies heureux, la fortune et l'amour des arts ont contribué à réunir ces états, l'exécution brillante et soignée de leurs travaux a définitivement consacré cette dénomination, qui est restée aujourd'hui à ceux qui ne s'occupent seulement que d'impression en lettres.

Les fondeurs en caractères étaient, en 1723, en si petit nombre, que l'article 62 du Code de la Librairie qui parut alors, leur enjoint de travailler de préférence pour les imprimeurs de Paris. Ils n'ont point eu jusqu'à présent de réglement particulier, et depuis 1539, ils ont constamment suivi ceux des imprimeurs-libraires, en ce qui pouvait les concerner.

Quoique leur nombre ne soit pas prodigieusement augmenté maintenant, leurs lumières ne sont plus les mêmes; il en est qui, en embrassant cet état, ne se sont fixés qu'au mécanisme simple de la fonderie, et pour lesquels la gravure d'un poinçon, ou la frappe d'une matrice est un objet aussi étranger que le miracle d'une épreuve. Ainsi l'amalgame qui pouvait convenir aux fondeurs avec les graveurs en lettres et les imprimeurs, il y a près d'un siècle, ne serait plus en rapport avec eux aujourd'hui; et la différence de leur régime, variant en raison du résultat de leurs opérations, elle ne permet plus de les considérer sous le même aspect. S'ils ont pu marcher de pair pendant un temps, la ligne de démarcation qui existe actuellement entre la majeure partie de l'imprimerie et de la fonderie, prouve qu'il n'est plus de son essence de suivre le même chemin; mais on ne peut pas se dissimuler que sans l'organisation de cette dernière, celle de l'imprimerie serait illusoire.

On conçoit que des caractères d'imprimerie ne doivent pas passer légèrement dans toutes sortes de mains, et que la vieille matière ne peut aller scrupuleusement que dans celles des fondeurs; le bon ordre et l'intérêt public exigent ces mesures, qui ont été prévues par tous les gouvernemens; cependant, au mépris de leurs réglemens, et par abus de la liberté, les fondeurs, depuis 1789, ont livré indistinctement des fontes à quiconque en a demandé. Ces fontes, le plus souvent peu soignées, en raison de la quantité de nouveaux fondeurs qui s'établissaient pour le service du grand nombre d'imprimeries qu'on voyait s'élever de toutes parts; ces fontes placées en outre dans des mains inhabiles, sont bientôt devenues plus défectueuses, et l'on a vu des particuliers, sans qualité, acheter, vendre ou troquer ces sortes de caractères, les revendre successivement à de nouveaux imprimeurs, qui n'avaient pas plus de connaissance pour les acquérir, que d'aptitude à les employer; de manière que ces débris insolites qui restaient perpétuellement dans le commerce, causèrent, par cette stagnation forcée, le renchérissement subit du plomb.

Il en résulta que les ouvriers en bâtiment préférèrent ces vieilles matières qui ne pouvaient subir aucun renchérissement; et que la terre recéla de nouveau dans des canaux, le régule dont le travail avait déja été si dispendieux pour l'en extraire.

Cet évènement fâcheux ne porta pas seulement préjudice aux fondeurs en caractères. Le mal s'étendit plus loin. Tous ceux qui travaillent la matière de plomb, prirent le même parti que les ouvriers en bâtiment, et les potiers-d'étain, les coureurs de rues, fondeurs de cuillers et fourchettes, établirent avec cette dangereuse matière, des couverts, des vases, qui, par l'alliage du régule, portent avec eux un germe de destruction.

Je ne m'étendrai pas davantage sur un danger aussi imminent. Ces simples observations suffisent, sans doute, pour prouver la nécessité d'un règlement relatif aux fondeurs de caractères.

PROJET DE RÉGLEMENT

Des Fondeurs en caractères et des Graveurs de poinçons, Compagnons, Ouvriers ou Ouvrières employés à cet état.

TITRE PREMIER.

Des Fondeurs en général.

ARTICLE PREMIER.

NUL ne pourra exercer l'état de fondeur, qu'il n'ait fait apprentissage, travaillé chez les maîtres comme compagnon, et qu'il n'ait subi examen sur la manipulation de la fonderie, pour obtenir le brevet de capacité.

II. Tous ceux qui exercent aujourd'hui l'état de la fonderie, sont soumis à l'examen prescrit par l'article ci-dessus, et pour leur faciliter les moyens d'y parvenir, Nous les dispensons, pour cette fois seulement, et sans tirer à conséquence, du temps de l'apprentissage et du compagnonage, à la charge cependant qu'ils prendront ces brevets de dispense à notre Directoire des sciences et des arts. Sont exempts de l'examen, les fondeurs reçus avant 1789, et les veuves; il leur suffira de prendre les brevets.

III. Ces brevets de faveur ne pourront être obtenus que sur un certificat de mœurs; le prix en est fixé à 100 francs.

IV. L'examen sera subi, à Paris, à notre Directoire, en présence de l'administration, sous la présidence du directeur-général et de quatre membres de l'état, dont deux seront choisis par l'aspirant, s'il le juge à-propos. Dans nos départemens, il le sera au Sous-directoire.

V. L'aspirant obtiendra le brevet de capacité, aussitôt après le certificat d'examen. Le brevet de capacité coûtera 2,000 fr.

VI. Tout fondeur en caractères est tenu d'avoir à la porte de sa maison, un tableau indicatif de son état, portant qu'il est brévetaire du Gouvernement. Il est libre de réunir à son état l'imprimerie et la librairie, en se conformant aux réglemens qui les concernent.

VII. (1) Voulons que dans toutes les villes de notre obéissance, tous les caractères, vignettes, fleurons, réglets, filets servant à l'imprimerie, soient fondus de la même hauteur fixée par les anciens réglemens, à vingt-trois millimètres sept dixièmes; et que tous les gros et petits canons, tous les gros et petits parangons, les gros romains, les saint-augustins, les cicéro, les petits-romains, les petits textes et les nompareilles, tant romains qu'italiques, de toutes les fonderies de l'Empire, se rapportent pour la susdite hauteur de vingt-trois millimètres sept dixièmes, et chacun en particulier, pour le corps qui lui est propre; en sorte que le petit canon porte deux saint-augustins; le gros parangon, un cicéro et un petit romain; le petit parangon, deux petits romains; le gros romain, un petit romain et un petit-texte; le saint-augustin, un petit-texte et une nompareille, et le cicéro, deux nompareilles : tous lesquels caractères seront toujours conformes pour lesdites hauteurs et corps, à la lettre *m* du bas de chaque corps de fonte, de laquelle lettre *m* il sera déposé nombre suffisant à notre Directoire des sciences et des arts. Il en sera délivré trente de chaque corps, aux fondeurs qui

(1) Autorités. Déclaration du 23 octobre 1713, art. 10; réglement du 28 février 1723, art. 59. Ces deux réglemens ne portent l'amende qu'à 50 fr.

obtiendront le brevet de capacité, pour leur servir de modèle. Ils rapporteront, après la justification de leurs moules, le même nombre de la lettre *m* du bas de casse de leurs frappes, afin que la justesse de chaque corps y soit exactement vérifiée, à peine, contre lesdits fondeurs, de 500 francs d'amende et de confiscation des fontes, vignettes, et autres ornemens qui ne se trouveront point conformes au présent article.

VIII. (1) N'entendons cependant, par l'article précédent, empêcher les fondeurs de mettre leurs frappes, monter leurs moules sur des caractères d'un autre corps, connus sous le nom de philosophie, gaillarde, mignone et autres, qu'on appelle interrompus et plus approchés en corps et en épaisseurs que les corps ordinaires, en observant néanmoins la hauteur fixée à 23 millimètres sept dixièmes; et pour reconnaître et distinguer lesdites fontes de corps interrompus, d'avec les corps ordinaires, les fondeurs seront tenus d'y mettre le cran dessus, sous peine de 300 francs d'amende.

IX. (2) Tous caractères, interlignes, filets, vignettes, fleurons et ornemens de fonte polytypés ou non, servant à l'imprimerie, seront faits de bonnes matières fortes et cassantes, sous peine de 300 francs d'amende, et par corps. Les vieilles matières fournies par les imprimeurs, seront mises à la cuiller et renforcées pour les rendre de même qualité que les neuves.

X. (3) Toutes les lettres en particulier seront fondues droites et d'équerre en tous sens, d'une égale hauteur, bien en ligne sans penchement ni renversement, ni fortes en pied, ni fortes en tête; coupées de manière que les deux extrémités du pied des lettres contiennent ensemble la moitié du corps, bien ébarbées, douces au frotter et au ratisser, d'un cran apparent bien

(1) Autorités. Réglement du 28 février 1723, article 61.

(2) *Ibid.* article 60.

(3) *Ibid.* article 60.

marqué, et à l'ordinaire, qu'on appelle cran dessous; elles seront aussi d'une égale distance pour l'épaisseur des corps ordinaires, de manière que trois *i*, ou trois *l*, ou une *h*, ou une *n*, jointe à un *i*, ou à une *l*, fassent l'épaisseur d'une *m*, et les autres lettres à proportion; le tout sous peine de 500 francs d'amende par corps, et confiscation des caractères, vignettes, ou autres.

XI. (1) Les fondeurs ne pourront entreprendre une fonte, soit pour les imprimeurs de Paris ou des départemens, que sur une permission donnée à ces derniers, par notre Directoire des sciences et des arts. Cette permission restera entre les mains du fondeur, jusqu'à la livraison de la fonte. Aussitôt qu'il s'en sera chargé, il en donnera avertissement signé de lui au bureau du Directoire, avec engagement de déclarer, quand elle sera prête à être livrée, son poids, sa quantité, et de la soumettre à l'examen pour la qualité, sous peine de 500 fr. d'amende par corps, confiscation de la fonte, fermeture de la fonderie pendant six mois; et en cas de récidive, l'amende double, confiscation de toutes les marchandises, et fermeture à perpétuité.

XII. (2) Aucune fonte ne pourra parvenir dans les départemens, que la caisse ou ballot ne porte *caractères d'imprimerie;* qu'il ne soit plombé du plomb de notre Directoire, et que le roulier ou voiturier ne soit porteur de son laissez-passer, joint à la lettre de voiture, sous peine de 1,000 fr. d'amende contre le fondeur, de pareille somme contre l'imprimeur, pour laquelle ils seront solidaires par corps, et de fermeture de leur attelier à perpétuité; de pareille somme pour le roulier

(1) Autorités. Réglement du 21 août 1686, article 19; réglement de 1723, article 65; réglement du 23 février 1723, article 64.

(2) Autorités. Édit du mois d'août 1686, article 62; il porte confiscation et plus grande peine, selon l'exigence des cas; réglement du 28 février 1723, article 19.

ou voiturier dont les maîtres seront garans, et confiscation des voitures, chevaux et harnois.

XIII. Les fontes de caractères ne pourront être reçues, dans les départemens, qu'au bureau du Sous-directoire de la résidence de l'imprimeur qui les aura commandées, ou au plus prochain, s'il n'y en a pas dans sa ville. Il est défendu à tout roulier-voiturier par terre ou par eau, de les décharger ailleurs, sous les mêmes peines que dessus.

XIV. Il est défendu à tout fondeur de fondre des assortimens, sans une permission expresse de notre Directoire des sciences et des arts, et sans qu'ils se soient conformés à ce qui leur est prescrit par l'article XI, et ce sous les mêmes peines (*).

XV. (1) Aucun fondeur ne pourra fondre que pour les imprimeurs, ou leurs veuves en exercice, sous peine de 3,000 fr. d'amende, et par corps.

XVI. (2) Un fondeur ne pourra renvoyer un ouvrier, qu'il ne l'ait averti un mois avant que sa fonte soit achevée.

XVII. (3) Aucun fondeur ne pourra embaucher un apprenti, ou un compagnon, sans certificat du maître qu'il quitte, qui constate qu'il est libre, sous peine de 300 francs d'amende, et 3 francs par jour au profit du maître quitté.

(*) L'exécution de cet article empêchera de perpétuer les vieilles fontes. Le réglement de 1723, art. 63, en laisse la facilité pendant deux ans; on ne peut pas suivre aujourd'hui cet article. Cette permission sera déterminée d'après la qualité des épreuves que les imprimeurs auront remises au Directoire, aux termes de l'article 12 du Code projeté pour l'imprimerie et la librairie.

(1) Autorités. Ordonnance du Prévôt de Paris, du 17 mars 1663; édit du roi, 1686, article 19; réglement du 28 février 1723, article 65.

(2) Déclaration du dernier août 1539, article 18; ordonnance du 17 mars 1663; édit d'août 1686, art. 18; réglement du 28 février 1723, article 67.

(3) Déclaration du 21 décembre 1541, article 15; déclaration de 1571, article 15; réglement de 1618, article 12; réglement de 1683, art. 17; édit du 21 août 1686, art. 18; réglement de 1723, art. 67.

XVIII. Tout fondeur est sujet, en tout temps, à des visites; en conséquence, il est tenu de ne fermer ses atteliers, pendant les heures du travail, que d'un simple loquet, sous peine de 300 francs d'amende.

XIX. (1) Il est défendu à tout particulier de recevoir chez lui, en dépôt, aucuns caractères d'impressions, sous peine de 6,000 francs d'amende et confiscation. Tous ceux qui peuvent en avoir, sous quelque prétexte que ce soit, et qui ne seront pas revêtus de qualités pour les garder, sont tenus, sous la même peine, de les remettre, dans huitaine, au bureau de notre Directoire, où le prix leur en sera remboursé.

XX. Tous ceux, sans qualité, chez lesquels on trouverait des outils de fondeur, sont sujets à la même peine que dessus.

XXI. Il est défendu à tout colporteur, porte-balle courant la ville et les campagnes, ou autres, de vendre des imprimeries qu'ils appellent portatives, ou aucuns caractères, sous peine de 300 francs d'amende par corps, et confiscation des marchandises même autres que les caractères, et un an de détention.

XXII. Le présent titre est commun aux graveurs de poinçons. Ils ne pourront graver que pour les fondeurs, sous peine de 3,000 francs d'amende, et par corps.

XXIII. Tout fondeur ou graveur de poinçons est tenu de déclarer au bureau de notre Directoire, quand un apprenti le quittera sans cause légitime.

XXIV. Les fondeurs qui font la gravure du poinçon, sont tenus d'y former l'apprenti qui annoncerait des dispositions.

XXV. Un fondeur ne pourra avoir plus d'un apprenti par fourneau.

XXVI. Le maître sera libre de renvoyer son apprenti pour mécontentement.

---

(1) Autorité. Sentence du 16 avril 1680.

XXVII. Tous les trois ans il sera décerné pour prix, au fondeur ou graveur de poinçons qui aura perfectionné son état, une médaille d'or de la valeur de 500 francs.

XXVIII. Le montant des amendes et confiscations servira à établir un fonds pour les pauvres maîtres, auxquels l'âge ou les infirmités ne permettraient plus de travailler, ou pour leurs veuves ou enfans, hors d'état d'exercer.

TITRE II.

Des Apprentis Fondeurs et Graveurs de poinçons de caractères.

Article premier.

On ne pourra être reçu apprenti fondeur ou graveur de caractères, si on ne sait lire et écrire, et si l'on n'a au moins douze ans accomplis.

II. Quiconque voudra être breveté apprenti, se présentera à notre Directoire, muni d'un certificat de mœurs, signé de deux imprimeurs ou libraires, ou relieurs, ou fondeurs; et après avoir été examiné au terme de l'article premier, il lui sera délivré un brevet d'apprentissage : le brevet coûtera 100 francs.

III. Le temps de l'apprentissage est de quatre années entières et consécutives. Il ne commencera à courir que du jour de l'acte notarié qui sera fait avec le maître, pour ses conventions particulières.

IV. Tout apprenti est aspirant à la maîtrise.

V. Tous ceux qui sont aujourd'hui en apprentissage chez des

fondeurs en lettres, ou graveurs de caractères, sont tenus de se faire breveter au terme de l'article II. Dans le mois de la publication du présent réglement, il leur sera tenu compte du temps qu'ils ont déja fait, sur le certificat qui en sera donné par leurs maîtres. Ceux dont l'apprentissage est fini, sont également tenus de se conformer au présent article.

VI. Nous dispensons, pour cette fois seulement, et sans tirer à conséquence, de la formalité de l'acte notarié, les apprentis qui ont fini leur temps. A l'égard de ceux qui n'en ont fait qu'une partie, l'acte notarié fera mention du brevet de faveur, en relatant l'époque à laquelle le temps doit finir.

VII. Tout apprenti qui s'absentera sans cause légitime de chez son maître, sera tenu, pour la première fois, de faire le double du temps de son absence, et pour la seconde, déchu de son apprentissage.

VIII. L'apprenti est tenu de se rendre à son attelier, aux heures fixées pour les compagnons.

IX. Si la fonderie était fermée, par décès ou autrement, avant l'expiration du temps de l'apprentissage, l'apprenti finira son temps dans la maison qui lui sera indiquée par notre Directoire.

X. Tout apprenti qui se comporterait mal, lors d'une visite chez son maître, sera puni de six mois de détention, et déchu de son apprentissage.

XI. L'apprentissage expiré, l'apprenti retirera certificat de son maître au bas du brevet, qu'il a bien et fidèlement rempli ses devoirs; et se présentera au bureau de notre Directoire, pour en obtenir le brevet de compagnon.

XII. Copie du présent titre sera délivrée à l'apprenti, en tête de son brevet.

TITRE III.

Des Protes, Compagnons et Ouvriers Fondeurs en caractères et Graveurs de poinçons; des Frotteuses et autres Ouvrières employées à rompre, à composer, ou à créner les lettres.

ARTICLE PREMIER.

TOUT apprenti qui a fait son temps d'apprentissage, ainsi qu'il est expliqué art. II du titre II, peut être breveté compagnon. Le temps du compagnonage est de trois années; le brevet est de 100 f.

II. Celui qui voudra obtenir le brevet de compagnon, ne pourra le prendre qu'à notre Directoire, à Paris, et à nos Sous-directoires dans les départemens.

III. Tout compagnon est tenu, pendant les trois années que durera son compagnonage, de présenter tous les trois mois, à notre Directoire, son brevet apostillé du maître chez lequel il travaille, pour le faire viser. Faute de remplir ces formalités, le compagnon ne pourra obtenir le brevet de capacité, à l'expiration de ses trois années.

IV. Tous ceux qui sont compagnons depuis 1789, sont tenus de se présenter dans le délai d'un mois, à notre Directoire, pour y prendre les brevets de dispense du temps que Nous leur accordons, ainsi qu'il est dit art. II du titre I.er; faute de quoi ils ne pourront obtenir le brevet de capacité.

V. Les compagnons sont tenus de se conformer aux ordres du maître, du prote ou autre qui les représente.

VI. Il leur est défendu de cabaler entre eux, soit pour rentrer chez les maîtres, soit pour en sortir; de former aucune association; de quitter l'ouvrage sous quelque prétexte que ce soit, sous peine de 100 francs d'amende par corps, et de détention qui ne pourra pas excéder six mois, et un an pour les chefs.

VII. Les compagnons ne pourront quitter leur maître, qu'après l'avoir averti un mois avant que leur fonte soit achevée, et en avoir retiré un certificat qu'ils sont libres de s'embaucher ailleurs. Dans les départemens, ils feront légaliser ce certificat et viser au bureau du Sous-directoire, s'ils veulent quitter la ville.

VIII. Tout compagnon, ouvrier, ou ouvrière, qui occasionnerait ou participerait au trouble causé pendant une visite chez son maître, sera puni, ainsi qu'il est dit, article VI du présent titre.

IX. (1) Les journées d'ouvriers, compagnons ou ouvrières, commenceront en été à 6 heures du matin jusqu'à 8 heures du soir, et en hiver, à 7 heures du matin.

X. Le présent titre est commun avec les protes, graveurs de poinçons et ouvrières qui y sont dénommés. Il sera imprimé en tête du brevet de chaque compagnon.

TITRE IV.

Des Veuves et Filles de Fondeurs.

ARTICLE PREMIER.

Les veuves des brévetaires pourront continuer l'état de leur défunt mari, tant qu'elles ne se remarieront pas à quelqu'un d'étranger à leur état; elles feront finir aux apprentis le temps

(1) Autorité. L'ordonnance de 1571, article 18, fixe la journée en tout temps, depuis 5 heures du matin jusqu'à 8 heures du soir.

de leur apprentissage, mais elles ne pourront pas en faire de nouveau.

II. Les filles uniques, âgées de vingt ans au moins, jouiront du même avantage, et aux mêmes conditions, mais seulement si elles sont orphelines de père et de mère.

TITRE V.

Des Ventes de Fonderies à l'amiable, ou après décès.

ARTICLE PREMIER. (1)

TOUT fondeur ou graveur de poinçons qui voudra vendre, sera tenu d'en donner connaissance au bureau de notre Directoire; aucuns poinçons, frappes ou matrices ne pourront être vendus à l'étranger, sous peine de confiscation et 3,000 francs d'amende.

II. Lorsqu'un fondeur ou graveur de poinçons décédera sans héritier, notre Directoire fera finir les fontes en train sous son inspection; l'inventaire en sera fait, et la vente de la fonderie poursuivie à sa diligence. Les deniers provenant de cette vente, ainsi que ceux des amendes et confiscations, les frais prélevés, serviront à accroître le fonds en faveur des pauvres maîtres, dont l'âge ou les infirmités demanderaient des secours.

III. Tous héritiers d'un fondeur ou graveur de poinçons, ou commissaires-priseurs chargés de la vente, sont tenus d'en faire la déclaration au bureau, sous peine de 300 francs d'amende, pour lesquels ils seront solidaires.

(1) AUTORITÉS. Édit de 1686, art. 19; réglement du 28 février 1723, art. 68.

APPERÇU
SUR
LES PROPRIÉTÉS LITTÉRAIRES, L'IMPRIMERIE ET LA LIBRAIRIE.

L'ART typographique est un de ceux qui honorent le plus le Gouvernement sous lequel il fleurit : aussi a-t-il toujours fixé l'attention des Souverains. Abandonné dès son origine aux convulsions périodiques de l'inexpérience et de la cupidité, le temps qui détruit tout semblait ne lui faire éprouver ses vicissitudes, que pour lui donner un nouveau lustre.

En effet, les différentes secousses qui l'ébranlèrent ont successivement donné naissance à des lois dont l'exécution le rappelait toujours à la vie. Pendant près de deux cents ans, il ne les dut qu'aux circonstances dans lesquelles il se trouvait alternativement. En 1683, le Roi, sur la demande des imprimeurs-libraires, leur accorda des statuts; trois ans après, ils reçurent un réglement, registré en parlement, le 21 août 1686; et pendant trente-sept ans, ils n'éprouvèrent aucun changement. En 1723, le grand-homme qui exerçait la première magistrature du royaume, le célèbre d'Aguesseau, au génie duquel rien n'était étranger, leur donna un code, nouveau développement de tous ces réglemens, mais qui était mûri par l'expérience, et qu'il avait encore pesé dans sa sagesse.

Alors l'organisation de l'imprimerie et de la librairie prit un caractère de stabilité. Les gens de lettres, soutien de ces deux états, traitaient avec sécurité des produits de leur génie; l'art typographique s'anoblissait, et le commerce de la librairie se soutenait depuis cinquante-quatre ans dans un état florissant, lorsqu'en 1777, un arrêt du conseil, violateur des propriétés, paralysa l'ouvrage du grand d'Aguesseau. L'état des imprimeurs, celui des libraires, et la propriété des gens de lettres furent à-la-fois attaqués jusques dans leurs fondemens. Douze années de crise et de réclamations vainement employées, les avaient journellement affaissés, quand la révolution les atteignit.

Malgré de si longues convulsions, la littérature, la typographie et la librairie ne furent point alarmées d'un mouvement qui semblait n'annoncer que le libre exercice des facultés industrielles, combinées avec la rectification de quelques lois; elles en présageaient, au contraire, favorablement pour l'anéantissement de l'arrêt du conseil de 1777, contre lequel leurs efforts, soutenus de ceux de la magistrature, s'étaient constamment brisés. Mais la révolution ayant changé de caractère, le règne de l'anarchie fit évanouir leurs espérances, et porta le mal à son comble.

Quatre années virent s'aggraver cette inquiétante situation. Pendant et depuis ce temps, l'ignorance, la cupidité, la mauvaise-foi, compagnes inséparables du désordre, se sont fixées dans ces deux professions; la propriété de l'homme de lettres, ce droit sacré est violé sans respect; la typographie, cet art brillant, qui n'admettait dans son sein que les lumières et la moralité, est en proie au caprice de celui qui n'a pas plus consulté sa capacité que sa fortune. Encouragé par ce dangereux exemple, l'homme qui pourrait à peine être apprenti, travaille comme compagnon; et des individus qui ne connaissent pas même encore aujourd'hui la théorie de l'art, et dont l'éducation ne leur permettrait jamais d'y prétendre, pleins de confiance dans leur sagacité, se croient aussi en état de l'exercer.

Dans la librairie, comme dans la typographie, la suffisance de l'orgueil remplace le talent. Delà cette profusion d'ouvrages dont on rougirait d'énoncer le titre. Ces romans immoraux qui gâtent le cœur et corrompent le goût; ces pamphlets scandaleux qui empoisonnent l'esprit public; ces éditions honteuses, fruit de la dégoûtante lubricité; et ces chefs-d'œuvre de grands maîtres, déshonorés par la main qui les a reproduits.

Le torrent de ces excès s'accrût tellement depuis ce temps, qu'il jeta dans le public une défiance déshonorante pour les presses françaises, dont la conséquence fut l'atterrement du commerce de la librairie. De ce dédain mérité, naquit la stagnation dans toutes ses branches. Loin d'en soupçonner la cause, ces ineptes typographes pensèrent que la baisse du prix de pareilles marchandises, rejetées par leur nature, remédierait à cet effet naturel. Nos rues, nos quais, furent encombrés, à bas prix, de livres obscènes et d'éditions incorrectes; mais cette mal-adroite combinaison, science du commerçant sans principes, n'eut pas un plus heureux résultat. La mauvaise-foi alors, sous le masque d'une loyale industrie, voulut réparer les torts de la sottise. Un titre imposteur fut substitué au véritable titre de l'ouvrage méprisé; et des libraires confians, facilitant la circulation d'une nouvelle fraude qu'ils ne soupçonnaient pas, furent, sans le savoir, les instrumens de la détérioration de leur commerce.

Malgré cette espèce de succès, dû à l'audace de la cupidité, ceux qu'il favorisait pour le moment, ne comptèrent pas sur sa durée. Les propriétés littéraires, sur lesquelles rien n'avait été réglé depuis l'arrêt destructeur de 1777, leur parurent une mine féconde qui n'attendait que leur exploitation. Ils s'en emparèrent avec toute la témérité que peut donner le règne d'une licence effrénée.

Rien alors ne fut respecté; les auteurs devinrent la proie de ces vampires, comme les libraires en étaient devenus la victime :

les contrefaçons se multiplièrent sans pudeur comme sans honte. Ce vol, qui ne s'effectuait que rarement autrefois, et dans peu de provinces, fut organisé publiquement dans la capitale, ainsi que dans les départemens; il se perfectionna même à l'aide des moyens tachygraphiques ou sténographiques; et aussitôt les bureaux des postes, les courriers, les messageries, les diligences, les rouliers, transportèrent sans risques et sans craintes les fruits du vol et du brigandage.

Cependant quelques auteurs, membres de la convention nationale, frappés des conséquences d'un désordre qui les touchait de près, éveillèrent l'attention de l'assemblée, et la loi de 1793, sur les contrefaçons, fut promulguée. Mais cette loi, calquée sur celle de 1777, qui avait déja préparé l'anéantissement de la typographie et de la librairie, douze ans avant la révolution, et que quatorze années d'expérience font reconnaître aujourd'hui comme insuffisante, même pour ceux en faveur desquels elle a été rendue; cette loi, dis-je, au lieu de rétablir l'ordre et l'harmonie dans l'imprimerie et la librairie, en a consommé la désorganisation.

Ceux qui fondent leur existence sur la prévarication, sont ingénieux à éluder la loi. Les contrefacteurs trouvèrent bientôt, dans celle-ci, les moyens de s'y soustraire, parce qu'en voulant régler la propriété des auteurs, elle n'a rien régularisé pour l'imprimerie et la librairie, dont l'organisation seule peut soutenir les propriétés littéraires.

Le brigandage continua donc à s'exercer, malgré l'intention des législateurs, avec plus d'ardeur et de succès qu'auparavant; des saisies furent faites à la vérité, des condamnations prononcées, mais rien ne put arrêter le mal, parce que le germe en existe dans la loi.

Mais comme le succès du débit scandaleux des contrefaçons, réside dans la célérité de la fabrication, et qu'en y réussissant on évite les cinq sixièmes de la condamnation, on ne s'est occupé que de perfectionner ce moyen. Pour parvenir à ce but, tout soin typographique a été négligé ; on n'a plus cherché à former un apprenti ni un compagnon ; les anciennes maisons n'avaient pu en conserver le droit, les nouvelles ne cherchèrent point à le rétablir ; très-peu d'ailleurs en sont en état : elles le seraient toutes, que l'indocilité des inférieurs ne permet plus d'espérer un succès fructueux, tant que les lois ne seront pas en vigueur. C'est ainsi que l'imprimerie et la librairie se sont précipités vers leur ruine depuis 1789, c'est-à-dire depuis dix-huit ans.

De grands maux sont donc à réparer dans ces deux états ; dix-huit années de tourmente depuis la révolution, douze années d'orages antérieurs, en indiquent la source, en montrent les dangers. L'une se trouve dans l'oubli, la profanation des anciens réglemens ; les autres dérivent des défectuosités de la nouvelle loi, et du chaos de l'anarchie qui a long-temps obscurci la France. Il est donc nécessaire d'examiner ces réglemens, observés pendant une longue suite de siècles, et canonisés, si je puis parler ainsi, par l'harmonie qu'ils avaient établie et entretenue dans ces deux états, afin d'y apporter les modifications que le régime actuel et la liberté du commerce peuvent exiger.

Mais il faut, avant tout, examiner aussi la loi nouvelle, et la discuter, dans tous ses points, sous le même rapport.

Quels que puissent être les résultats de cet examen, je ne crois pas qu'on doive considérer la typographie comme un patrimoine public, auquel chacun a droit, à moins qu'on ne veuille la forcer à rentrer au berceau ; déja la mort a moissonné la majeure partie des protes et des correcteurs qui méritaient une réputation, et parmi les compagnons modernes il s'en trouve peu sur lesquels il soit permis de jeter les yeux pour remplir une pareille place. Il ne faut donc pas se dissimuler le malheur dont la France est menacée, si on laisse la typographie abandonnée à elle-même. Il suffit, pour s'en convaincre, de la comparer avec ses premiers temps ; on verra que, malgré les soins qu'ils prenaient alors à corriger leurs épreuves, les auteurs gémissaient avec le public, des fautes typographiques dont leur ouvrage fourmillait quand il était terminé. Les plaintes multipliées du savant Erasme (*), de Jean de Savigny (**), de Henri Etienne (***), pendant un espace de soixante années, nous prouvent que nous sommes retombés dans l'ignorance de leur siècle. Ce dernier auteur, sur-tout, disait : « Les fautes » qu'on rencontre dans les livres, ne viennent que de l'igno» rance grossière des imprimeurs, dont plusieurs ne pour» raient pas nommer les lettres de leur nom. »

Et quand nous voudrions taire aujourd'hui une comparaison honteuse pour le dix-neuvième siècle, nos murs journellement tapissés de l'impéritie de nos imprimeurs, les bulletins qui se colportent à tout instant sous nos yeux, les journaux, et, ce qu'il y a de pire, beaucoup de labeurs, déposent assez de l'incapacité d'une grande partie des imprimeurs d'aujourd'hui.

Il est temps de mettre entre le seizième siècle et le nôtre la distance qui lui appartient ; nos neveux nous sauront gré d'avoir réprimé des désordres dont ils auraient à rougir.

Ces réflexions, produites par d'effrayantes vérités, seront plus amplement développées, quand j'aurai examiné la loi de 1793.

(*) Il se plaignait, en 1514, de l'ignorance de la majeure partie des imprimeurs de son temps.

(**) A la tête du volume intitulé *De Institutione Reipublicœ*, dont il était l'éditeur, il se plaint aussi de l'ignorance de son imprimeur, mais dans un avertissement, moitié en langue latine, moitié en langue grecque, de manière que le typographe qui n'était pas familier avec ces langues, instruit le public que les fautes de son ouvrage proviennent non-seulement de son ignorance, mais de son intempérance et de celle de ses ouvriers.

(***) En 1569.

Examen de la Loi du 19 *juillet* 1793.

On ne peut soupçonner d'autre but à une loi, que celui d'établir, de fixer, et d'entretenir l'harmonie dans la portion du corps social qu'elle intéresse. La loi du 19 juillet 1793 doit donc réunir ces caractères pour les imprimeurs et les libraires; elle doit les réunir pour les gens de lettres, puisqu'elle paraît spécialement rendue pour eux. Si je démontre que depuis quatorze ans que cette loi existe, elle ne remplit pas son but; qu'en annonçant le libre exercice des facultés attachées à la propriété des auteurs, elle n'en laisse pas la libre disposition; qu'elle nuit à leur conservation; qu'elle altère le produit des conventions sociales; qu'elle obstrue les relations commerciales; qu'elle facilite l'entreprise et le débit des contrefaçons, au lieu de les réprimer; enfin, que des différentes facultés qu'elle paraît donner aux auteurs, ou à leurs cessionnaires, l'une détruit l'autre, on sera autorisé à la regarder comme insuffisante. Examinons-la donc.

ARTICLE PREMIER.

Les auteurs d'écrits en tout genre, les compositeurs de musique, les peintres et dessinateurs qui feront graver des tableaux ou dessins, jouiront, pendant leur vie entière, du droit exclusif de vendre, faire vendre, ou distribuer leurs ouvrages dans le territoire de la république, et d'en céder la propriété en tout ou en partie.

Le droit exclusif que cet article laisse aux auteurs, *de vendre, faire vendre, ou céder leurs ouvrages pendant leur vie*, consacre le principe naturel inhérent à la qualité de tout homme-de-lettres, de disposer des fruits de son génie. Il ne donne rien aux auteurs, parce qu'il ne dépend pas d'une puissance humaine de donner cette faculté, mais il leur en garantit la jouissance.

Si cette jouissance est gênée, entravée par le développement que l'article second donne à l'article premier, le droit naturel consacré par ce premier article est violé, paralysé ; la loi alors, loin d'être salutaire, produit un effet opposé, et le vœu du législateur n'est pas rempli. C'est ce qu'il est facile de démontrer.

ARTICLE II.

Leurs héritiers, ou cessionnaires, jouiront du même droit l'espace de dix ans après la mort des auteurs.

Cet article laisse aux héritiers, ou cessionnaires des auteurs, le même droit que respecte l'article premier, mais il restreint ce droit à l'espace de dix ans. Dès-lors les héritiers d'un auteur ne peuvent pas en jouir, ainsi que lui, pendant leur vie entière ; ils ne peuvent pas traiter, avec un cessionnaire, de la même manière que l'auteur le peut, en vertu de l'article premier. L'article second entrave donc l'article premier, en limitant, en restreignant le droit des héritiers. Il en rend une partie inexécutable.

Mais peut-on limiter un droit qu'on tient de la nature ? Sans doute on peut mettre des bornes à la durée d'une grace, d'une peine, d'une faveur, d'un privilège ; celui qui l'accorde peut le restreindre, le limiter, le détruire même. Mais restreindre le droit de disposer du produit d'un ouvrage de génie, fruit des veilles d'un père, y mettre des limites, c'est combattre la nature, la méconnaître, être rebelle à son vœu, violer sa loi ; c'est attaquer enfin le droit naturel, le plus imprescriptible, le plus sacré de tous les droits.

Mais supposons que ce principe n'est pas incontestable, et développons, dans cette hypothèse, le sens de l'article II dans son entier, pour nous convaincre s'il est susceptible d'exécution avec l'article premier.

Un auteur veut-il céder son droit de propriété ? Il est gêné lui-même dans la disposition de ce qui lui appartient, puisqu'il n'en peut traiter que pour dix ans, quoique l'article premier lui donne le droit de jouir *durant sa vie entière*, qui peut aller beaucoup au-delà de ces dix années. Il ne peut traiter que pour dix ans, parce que le libraire cessionnaire qui veut acquérir, ne peut pas établir ses spéculations au-delà de ce terme. S'il calculait moins sagement, il courrait le risque de se voir dépouillé, à l'expiration de dix années, de son acquisition, si l'auteur décédait le lendemain de la signature de son traité.

L'auteur et le cessionnaire sont donc réciproquement gênés, l'un, dans sa vente; l'autre, dans son acquisition. Ils ne sont donc pas libres, dans leur faculté de contracter, faculté qu'ils tiennent cependant de la nature; et si l'auteur vit vingt ans ou plus après sa cession, il a nécessairement éprouvé un dommage, une perte, non par sa mal-adresse, non par la mauvaise-foi de son cessionnaire, mais par le vice de l'article II, qui ne lui laisse pas le libre exercice du droit de propriété dont l'article premier lui a consacré le principe.

Un héritier maintenant veut-il disposer de ce qui lui écheoit en partage ? il ne peut pas traiter aussi avantageusement avec un cessionnaire, que son père aurait pu le faire, parce que, dût-il vivre cent ans, il ne vend réellement que pour dix ans.

Cet article, en annullant l'article I.er, est donc destructeur des droits des auteurs et de ceux de leurs héritiers.

A l'égard de ces derniers, il est difficile de concevoir pourquoi la loi les assimile aux cessionnaires ? Pourquoi elle ne leur permet d'entrer en jouissance des fruits du génie de leur père, que pour dix ans; tandis que toute autre propriété qu'il laisse à son décès leur devient personnelle. On cesse d'être étonné que cette exhérédation odieuse souille les pages d'une loi, quand on se rappelle dans quel temps elle a été faite.

Encore, si en blessant les droits des auteurs et ceux de leurs héritiers, cet article était favorable aux cessionnaires, on pourrait lui reconnaître un but.

Mais quel avantage un cessionnaire peut-il retirer de la jouissance éventuelle qu'il lui accorde ? Pour s'en former une juste idée, il faut calculer les avances de fonds que celui-ci est obligé de faire, l'incertitude des bénéfices, les lenteurs des rentrées, le danger des pertes; inconvéniens majeurs et presque inévitables, auxquels il faut ajouter encore les retards toujours trop multipliés dans la fabrication de l'ouvrage; qui dévorent d'autant, et en pure perte, une portion du temps de la jouissance anticipée sur celui de la rentrée des bénéfices incertains.

Pour qu'un cessionnaire puisse profiter de la durée de cette jouissance, limitée par l'article II, il faut donc supposer qu'il n'éprouve aucuns retards, aucunes lenteurs, aucunes pertes sur l'ouvrage qu'il a acquis pour cet intervalle de temps, ce qui est hors de toute probabilité. Mais en admettant cette erreur, on ne prétendra pas, sans doute, que toutes les parties d'un commerce sont également heureuses. Si un revers inattendu, produit par une cause quelconque, frappe l'acquéreur dans le courant de sa jouissance de dix années, que pour parer à cet évènement subit, il n'ait de ressources que dans cette dernière acquisition, à qui pourra-t-il la céder ? Comment pourra-t-il se défaire utilement d'une propriété qui diminue tous les jours, s'il n'a plus qu'un petit nombre d'années à jouir ? Il ne lui reste, dans ce cas, que la triste perspective d'ensevelir dans le même tombeau, sa douleur et les titres de ses créanciers.

Ce n'est plus une veuve ou des enfans désolés, qui peuvent faire honneur à la mémoire d'un mari, d'un père respectable. Ils héritent peut-être, pour six mois, du seul ouvrage qui est l'ame de leur commerce, qui soutient leur maison. A peine le délai de la jouissance du défunt expire, que les presses de la capitale, celles des départemens, roulent sur la propriété générale, avec toute la célérité qu'on peut trouver dans des spoliateurs avides. Loin d'alimenter le commerce, ces éditions multipliées qui paraissent à-la-fois, en obstruent les différens canaux. Alors, c'est à qui trouvera le moyen de se débarrasser du fardeau d'une entreprise devenue onéreuse. Tout est mis en œuvre, et pour y réussir, les voies les moins délicates ne sont pas négligées. Une partie des débitans a-t-elle été chargée de l'ouvrage au prix forcé, comptant ou à terme ; on le donne au-dessous de ce prix à d'autres, moitié comptant, moitié en échange. On baisse ensuite ce dernier prix, pour proposer l'ouvrage au public, sous le nom modeste de rabais, pendant un temps déterminé, après lequel le reste de l'édition, crié à l'enchère chez *Silvestre*, est vendu pour ce qu'on en offre. Ce manège scandaleux et répréhensible, qui doit sa naissance à l'appât des propriétés factices, jetées dans le commerce par la loi de 1793, a dévoré depuis quatorze ans les propriétés réelles, par la consistance qu'il a donnée à l'usure à laquelle la nécessité de remplir des engagemens irréfléchis a forcé d'avoir recours. Alors des ventes à réméré, des factures simulées, ont causé le scandale de nos tribunaux; les attermoiemens, les abandons, résultats ordinaires de la confusion de ces désordres, ont atteint jusqu'à ceux que la cupidité n'avait point éblouis ; et les meilleures, les plus anciennes maisons, sont enveloppées aujourd'hui dans le bouleversement général qui a anéanti le commerce de la librairie.

Tel est le résultat affligeant des effets produits par l'article II de la loi de 1793 ; en voulant donner des propriétés à tout le monde, il n'en laisse réellement à personne : il détruit celles des auteurs, enlève celles de leurs héritiers, détériore celles de leurs cessionnaires ; ruine la typographie, dépouille les anciens libraires, appauvrit les nouveaux, et écrase un commerce, qui depuis 1723 reposait sur des bases solides.

Ce n'est pas qu'en 1777, l'arrêt du conseil ne lui eût fait présager l'atteinte du coup mortel, sous lequel il succombe à présent ; mais la sage et noble résistance du respectable adjoint qui était alors à la tête de la librairie, résistance qui lui valut les honneurs de la Bastille, en avait au moins retardé les dangereux effets.

L'article II est donc aussi nuisible aux cessionnaires, qu'aux auteurs et à leurs héritiers.

Article III.

Les officiers de paix (*) *seront tenus de faire confisquer, à la réquisition et au profit des auteurs, compositeurs, peintres ou dessinateurs, et autres, leurs héritiers ou cessionnaires, tous les exemplaires des éditions imprimées ou gravées, sans la permission formelle et par écrit des auteurs.*

De tous les signes qui peuvent caractériser une contrefaçon, celui indiqué par cet article, si on peut toutefois le qualifier comme tel, est le seul dont la reconnaissance soit, pour ainsi dire, impossible. Comment, en effet, présumer qu'un auteur, ou son cessionnaire, peut être instruit quand on contrefait son ouvrage dans un département, lorsqu'une surveillance active sur les imprimeries ne lui garantit pas qu'il en sera averti par l'autorité qui lui doit sûreté et protection ? Aujourd'hui que l'imprimerie est désorganisée, qu'aucun réglement n'est suivi, aucune loi exécutée, comment, encore une fois, un auteur peut-il deviner que son ouvrage est sous presse à cent ou deux cents lieues de chez lui, et souvent à plusieurs endroits à-la-fois, quand personne n'a caractère pour faire exhiber la permission par écrit, dont parle l'article III, et pour arrêter l'édi-

(*) Par la loi du 23 prairial an III, ces fonctions sont attribuées aux commissaires de police et aux juges-de-paix, etc.

tion en cas de non-exhibition ? encore faudrait-il que l'autorité chargée de se faire représenter l'écrit de l'auteur, en connût la signature. On sent à combien d'inconvéniens l'exécution de ce mode pourrait entraîner.

Mais je suppose qu'un auteur ait connaissance, par un moyen quelconque, qu'une contrefaçon de son ouvrage est sous presse à Bordeaux; alors il faut qu'il marche pour requérir l'autorité du lieu, ou qu'il y envoie un fondé de pouvoir; et dans l'un ou l'autre de ces cas, les avances peuvent être gênantes, car on sait que les avoués d'Apollon ne sont pas favorisés de Plutus, comme les avoués de Thémis; d'ailleurs, n'éprouverait-on pas un moment de gêne ? La précipitation pour se préparer à un long voyage; le danger de ne pas trouver une place à la voiture publique, calculés avec le temps qu'il a fallu pour en recevoir l'avertissement, et celui nécessaire pour se rendre sur les lieux, il serait très-possible qu'on arrivât après l'opération terminée; et si l'ouvrage contrefait n'était pas par trop volumineux, il serait déja envoyé à tous les débitans des départemens. Alors on n'a plus, pour se rendre dans son domicile, qu'à doubler une dépense faite en pure perte, ou bien se résoudre à faire le tour de la France, pour courir après son voleur, sort réservé seulement aux gens-de-lettres; car un particulier volé, sur la simple déclaration qu'il en fait à l'autorité compétente, est averti quand les recherches ne sont pas infructueuses.

Mais si on a reçu à-la-fois avis de deux ou trois provinces différentes, alors il faut envoyer deux ou trois fondés de pouvoirs, et calculs faits des avances à donner, avec l'incertitude de la réussite, il est plus prudent de tout abandonner.

Réussit-on à trouver la contrefaçon ? on n'a encore réussi qu'à avoir un procès; il faut de nouveau avancer des fonds pour les huissiers, les procureurs, les greffiers; et de plus, séjourner pour solliciter, pour accélérer le jugement dans un pays où on n'a ni relation, ni occupation, et abandonner au moins pendant trois ou quatre mois sa maison, et souvent pour subir en définitif soi-même une condamnation (*).

On conçoit que cette voie ne peut être suivie par un homme de lettres, dont le caractère est absolument étranger à ce genre d'occupations, et qu'il n'est pas possible qu'un libraire cessionnaire la suive sans causer un dommage considérable à son commerce. Ainsi, sous tous les rapports, en vertu de la loi de 1793, il faut à un auteur, ou à son cessionnaire, un, deux ou trois, et peut-être davantage, de fondés de pouvoirs. Il est nécessaire encore que celui qui se charge de cette partie, réunisse des connaissances qu'il n'est pas toujours facile de trouver dans le même individu. Si, avec une connaissance parfaite des lois, il n'est pas familier avec le mécanisme de la typographie, il lui est impossible d'en soupçonner et d'en saisir les différentes fraudes; ce n'est qu'un œil exercé qui les fait présumer, et une grande aptitude qui peut les faire découvrir. Sans ces connaissances réunies, on manque ou à caractériser le corps du délit, ou à la forme requise pour le constater : les arrêts de la Cour de cassation fournissent tous les jours la preuve de ce que j'avance; et dans l'un ou l'autre de ces cas, les intérêts de l'auteur ou ceux du cessionnaire sont toujours en danger d'être compromis.

Mais un libraire cessionnaire n'est-il donc propriétaire que d'un seul ouvrage de littérature? Et pendant qu'on lui en contrefait un à Marseille, qui empêche qu'on ne lui en contrefasse un autre à Bordeaux, un autre à Lyon, en supposant encore qu'on respecte ses propriétés à Paris? Et qui peut assurer

(*) J'ai été en l'an X (1802), saisir, à Rouen, trois contrefacteurs. On m'a condamné en première instance, non-seulement aux dépens, mais en 300 francs de dommages et intérêts envers chacun des contrefacteurs. Il est vrai que la Cour d'appel a fait justice de cet inique jugement; mais en le cassant, elle m'a renvoyé, au bout de cinq mois, au tribunal d'Yvetot, devant lequel je me suis présenté deux fois infructueusement; mes affaires m'appelaient à Paris, j'ai préféré tout abandonner.

qu'il n'y ait qu'un seul libraire aux propriétés duquel on s'attache? Nous avons l'exemple du contraire. Où donc ces différens libraires trouveront-ils chacun un fondé de pouvoirs, capable de les représenter? Ils prendront le même, me dira-t-on; mais le même homme ne peut pas être revêtu de la puissance de se trouver en même temps à Lyon, à Bordeaux, à Marseille. On se rappelle sans doute que les contrefacteurs s'entendent entre eux, puisqu'ils ont eu l'impudeur, il y a quelques années, d'annoncer audacieusement leur coalition par la voie des journaux, en signalant un particulier chargé de saisir, dans les départemens, à la requête de quelques libraires de Paris (*). Au lieu de faire les saisies les unes après les autres, il faut donc, pour déjouer les contrefacteurs, les faire au même instant, et par conséquent mettre en marche une nuée de fondés de pouvoirs; s'exposer à suivre à cent ou deux cents lieues de chez soi, plusieurs procès dont le succès, balancé avec le danger de n'avoir pas rempli les formes, réduit souvent en pure perte les avances énormes qu'on a été obligé de faire, ce qui arrive encore quand le contrefacteur n'est condamné que comme débitant. Je prouverai plus bas, en examinant l'article IV, qu'il est presque impossible que le contrefacteur supporte une autre condamnation.

Il ne me reste plus qu'une légère observation à faire sur l'article III; on a vu qu'il porte : *les officiers de paix seront tenus de faire* CONFISQUER, *à la réquisition et au profit des auteurs, etc.*

La confiscation porte avec soi l'idée d'une consommation de procédure, d'un résultat de condamnation qui ne peut être fixé que par un jugement, et ici la confiscation résulte du premier acte de la procédure. Cette rédaction prouve combien la loi a été faite à la hâte.

(*) La *Gazette de France*, du samedi 2 février 1805, donne copie de cet avertissement; ce qui prouve le cas que l'on fait, dans les départemens, de la loi de 1793.

La confiscation, y est-il dit encore, sera faite au *profit des auteurs :* que peut-on entendre par ces mots, au *profit des auteurs*, sinon la libre disposition qui leur est laissée, *après jugement*, des exemplaires saisis?

Mais si la base de la prohibition des contrefaçons est établie sur la garantie due à la propriété littéraire, elle ne repose pas moins sur celle que le Gouvernement doit au corps social. Or, comment une loi peut-elle laisser à un particulier la disposition d'une chose qu'elle fait confisquer à un autre, comme un larcin, et dont elle proscrit l'usage comme inexacte et incorrecte? Si, aux termes de cet article, l'auteur ou le cessionnaire faisait son profit de cette confiscation, et qu'il eût la mal-adresse de remettre la contrefaçon dans le commerce, il en éprouverait les plus fâcheux effets; soit par le dégoût qu'il inspirerait au public pour un ouvrage si peu soigné, soit par la facilité qu'il laisserait au contrefacteur d'en écouler le reste; car on ne peut espérer de saisir l'édition entière d'une contrefaçon, lorsqu'elle est une fois dispersée chez les débitans de Paris et des départemens.

J'ai prouvé également les irrégularités de l'article III, l'impossibilité de son exécution, et les dangers qui en résulteraient, s'il était exécutable.

Voyons si les articles suivans sont plus réguliers.

ARTICLE IV.

Tout contrefacteur sera tenu de payer au véritable propriétaire, une somme équivalente au prix de trois mille exemplaires de l'édition originale.

L'article précédent n'indique point de signes auxquels on peut reconnaître les contrefaçons; celui-ci n'en donne aucuns pour reconnaître les contrefacteurs. Mais s'il en existe pour distinguer les contrefaçons d'avec les bonnes éditions, que ces signes dérivent de la manière de leur fabrication, il doit nécessairement en exister aussi pour reconnaître le contrefacteur, et ceux-là résultent de sa manipulation.

Comment donc atteindre le contrefacteur, quand la loi ne trace aucune marche, n'indique aucun signe pour y parvenir? Il ne reste que le moyen de le prendre en flagrant délit; mais c'est ce qu'on peut regarder comme impossible, par les raisons que je viens de donner, en développant l'article III. La sécurité dans laquelle le contrefacteur est, de n'être sujet à aucunes visites dans le jour, si ce n'est pour les ouvrages suspects au Gouvernement; la certitude qu'il a, que les préposés à ces visites ne peuvent s'occuper en aucune manière des contrefaçons, donnent le moyen d'en établir sans danger; je dis sans danger, parce que, dans le cas où l'auteur se présenterait pour en faire la saisie, la composition, soit dans la galée, soit en page, soit en forme, est mise en pâte par chaque ouvrier qui y est occupé, avant qu'on ait ouvert les portes de l'imprimerie. A l'égard du tirage, il se fait de nuit, temps pendant lequel toutes visites sont défendues. A la pointe du jour, on dépose les feuilles tirées, hors de chez soi, de manière qu'on élude facilement la loi, parce qu'elle n'indique aucuns caractères du délit, aucunes traces de son exécution, traces qui existent cependant encore, quoique le corps du délit ait disparu, et dont je donnerai le détail dans le projet de Code.

On voit maintenant que la peine portée par cet article, de payer au véritable propriétaire une somme équivalente au prix de trois mille exemplaires de l'édition originale, est absolument illusoire, puisqu'il n'est pas plus possible, par l'effet de la loi, de découvrir les traces de la fabrication d'une contrefaçon, que de la trouver sous presse.

Article V.

Tout débitant d'édition contrefaite, s'il n'est pas reconnu contrefacteur, sera tenu de payer au véritable propriétaire une somme équivalente au prix de cinq cents exemplaires de l'édition originale.

Après la lecture de cet article, on reconnaît que son exécution est possible, et c'est précisément cette possibilité qui met obstacle à l'exécution des articles III et IV. Le grand nombre de jugemens rendus depuis que cette loi existe, et qui ne condamnent la grande majorité des parties saisies, que comme débitans, vient à l'appui de mon assertion.

Mais ce n'est pas tout; cet article porte : le débitant qui ne sera pas reconnu pour contrefacteur, sera tenu de payer seulement la valeur de cinq cents exemplaires. Cette rédaction prouve implicitement, qu'un débitant, c'est-à-dire qu'un libraire, qui n'exerce pas la typographie, peut cependant faire mettre une contrefaçon sous presse pour son compte; ce qui arrive effectivement tous les jours. Ce n'est pas le lieu de parler ici de l'imprimeur qui se prête à consommer cette fraude punissable, car il est possible qu'il ne la soupçonne pas, s'il y met le nom de celui qui le fait fabriquer. Mais dans le cas contraire, comme il est reconnu qu'on ne peut parvenir à saisir une contrefaçon sous presse, chez l'imprimeur, lorsqu'elle est rendue chez le débitant qui n'exerce pas la typographie, il est encore bien moins possible d'y reconnaître une trace de fabrication.

Il est facile de s'appercevoir que cet article n'a pas été réfléchi; sans cela on n'eût pas diminué des cinq sixièmes la peine qu'il inflige au débitant, quand il reconnaît qu'il est possible que ce débitant soit un contrefacteur. Et, dans le système de toutes les lois, ne l'eût-on considéré que comme complice, la peine ne devait pas être diminuée.

Les contrefacteurs ont établi aussi un calcul, d'après la légèreté de cette peine, duquel il résulte, qu'il leur est moins onéreux de courir les risques d'être saisis comme débitans, ce qui n'arrive pas toujours, que de faire l'acquisition d'un manuscrit, sur-tout quand la fabrication d'une contrefaçon émane d'un imprimeur, c'est que celui-ci tient compte, en cas de saisie, de la moitié de l'amende au débitant.

On voit d'ailleurs, comme je l'ai annoncé plus haut, que si la saisie est faite dans un pays éloigné de celui de l'auteur, ou du cessionnaire, et que l'ouvrage saisi ne soit pas d'un haut prix, la condamnation de cinq cents fois sa valeur, ne peut pas dédommager des avances qu'on a été obligé de faire pour y réussir. Allez saisir, par exemple, la contrefaçon d'une pièce de théâtre à Bordeaux, la loi vous accorde 500 francs; calculez les frais pour le départ, le séjour et le retour, et voyez si vous êtes indemnisé de vos dépenses.

L'incohérence de cet article avec ceux qui le précèdent, les contradictions qui résultent des uns, comparés avec les autres, prouvent encore l'insuffisance de cette loi.

Article VI.

Tout citoyen qui mettra au jour un ouvrage, soit de littérature ou de gravure, dans quelque genre que ce soit, sera obligé d'en déposer deux exemplaires à la bibliothèque nationale, ou au cabinet des estampes de la république, dont il recevra un reçu signé par le bibliothécaire, faute de quoi il ne pourra être admis en justice pour la poursuite des contrefacteurs.

Cet article déroge au droit national. Il laisse la faculté de faire ou de ne pas faire. Cette espèce de transaction tacite, tolérable de particuliers à particuliers, est déplacée entre un membre de la grande société et son Chef. Il blesse l'éclat de sa dignité. Il s'agit ici de l'entretien, de l'augmentation, de la richesse nationale; toute convention qui laisse la faculté de l'altérer, de la détruire, est un outrage fait à la gloire de la patrie; c'est une entrave à l'accroissement, aux progrès des sciences et des arts, qui ont besoin, dans tous les siècles, du tableau fidèle de leur situation antérieure, et dans lequel l'article VI a pu favoriser une lacune désolante pour la postérité.

Cet article conçu, sans doute, par un zèle mal entendu pour la liberté, dont le fanatisme encensait alors les autels, donne, en outre, une approbation indirecte au commerce des contrefaçons, puisque, si on ne remplit pas la condition qu'il prescrit, on ne peut pas poursuivre le contrefacteur. Il attaque aussi la garantie du corps social, qui ne peut pas permettre qu'on tolère, sous un prétexte quelconque, ce que des principes d'équité et de justice réprouvent.

Non-seulement cet article donne une approbation indirecte au commerce des contrefaçons, mais il le favorise.

Qu'un auteur, par exemple, fasse imprimer une pièce de théâtre à Bordeaux, ou un ouvrage de huit à dix feuilles, et que son intention soit de se soumettre à l'article VI; avant qu'il ait fait parvenir les exemplaires de son édition à la bibliothèque nationale, avant qu'il en ait reçu le certificat, la contrefaçon de son ouvrage serait imprimée et distribuée sous ses yeux, sans qu'il puisse s'y opposer. Il résulte bien clairement de cette réflexion, que l'article VI attente au libre exercice de la disposition de la propriété garantie par l'article premier.

Article VII.

Les héritiers de l'auteur d'un ouvrage de littérature, ou de gravure, ou de toute autre production de l'esprit ou du génie, qui appartienne aux beaux-arts, en auront la propriété exclusive pendant dix années.

Cet article n'est qu'une redondance de l'article II, auquel il n'ajoute rien, et dont j'ai démontré toute la nullité; seulement, il servira à corroborer la base des contradictions sur lesquelles reposent encore les lois concernant les propriétés des auteurs dramatiques, et que je développerai dans le projet d'organisation relatif aux produits de ces propriétés et à la jouissance de leurs héritiers ou cessionnaires.

Ce n'est rien, sans doute, d'avoir esquissé le tableau du désordre qui a engendré progressivement tous les maux de la librairie, d'en avoir indiqué la source, d'avoir démontré, jusqu'à l'évidence, l'insuffisance de la loi de 1793 pour les réprimer, si je ne présente pas les moyens propres à les détruire entièrement; il faut donc en établir les motifs, en justifier la nécessité, démontrer la possibilité de leur exécution, et tous les avantages qui doivent en résulter.

On a vu que la première atteinte portée au commerce de la librairie, date de 1777 (*). L'arrêt du conseil, à cette époque, reconnaissait, par un article, que les ouvrages de littérature sont la propriété des auteurs; par un autre, il détruisait cette même propriété : le sort des imprimeurs n'était pas mieux assuré que celui des auteurs; le commerce des libraires était attaqué dans toutes ses branches. La concurrence illimitée de l'impression sur tous les ouvrages, après un délai de dix ans, l'avait paralysée, et la loi de 1793, compléta les moyens de sa destruction. Le parallèle de ces deux lois devient inutile dans tous leurs points, puisque leurs effets sont les mêmes; il y a cette différence, cependant, que la loi de 1793, encore moins réfléchie

(*) En 1776, lors de la suppression des jurandes et communautés, on avait respecté, entre autres, l'imprimerie, fondé sur ce que cette profession, *qui intéresse la foi publique, la police générale de l'Etat, exige une surveillance et des précautions particulières de la part de l'autorité publique, et que les dispositions qu'il serait convenable de conserver ou de changer, sont des objets trop importans pour ne pas demander l'examen le plus réfléchi.* Tels sont les termes de l'édit de février 1776. Ces sages réflexions furent oubliées en une année, et une malheureuse expérience nous prouve qu'elles n'étaient pas sans fondement.

que celle de 1777, prive les héritiers de la propriété littéraire qui leur écheoit, après qu'ils en ont joui dix années; au lieu que l'arrêt de 1777, ne dépouille, ni les auteurs, ni les héritiers, s'ils ne rétrocèdent pas.

Ce principe de destruction des propriétés littéraires, consacré par la loi de 1793, paraît avoir été déterminé, plutôt par la fatalité des circonstances, qui ne laissaient pas toujours aux législateurs la liberté de s'opposer aux erreurs du peuple, que par un examen sérieux et réfléchi. Il est probable qu'ils n'ont pas osé proférer le nom de privilège, sans en prononcer la proscription. Sans cela, ils auraient facilement démontré qu'un privilège en librairie n'est pas dans la classe de ceux que le droit naturel repousse; qu'il n'est point synonyme d'exemption, prérogative, préférence, franchise, immunité; qu'il ne crée aucun droit, n'établit aucune distinction, n'exclut qui que ce soit de la même prétention, de la même faculté; qu'il n'est que l'attache, la sanction, la sauve-garde, la reconnaissance d'une faveur particulière, d'un heureux don de la nature, émané de la divinité, comme la raison, qui distingue l'homme de la brute, en est un sacré, inaliénable et perpétuel, dont aucune puissance humaine ne peut empêcher l'effet; que ce n'est qu'une reconnaissance authentique, faite par l'autorité publique, de la propriété du génie; qu'on ne peut le considérer que comme un certificat légal, par lequel le prince contracte l'obligation de la défendre contre toutes usurpations, pendant que l'homme de lettres continue d'employer ses veilles pour former des citoyens fidèles, utiles et vertueux; pendant qu'il tire pour ainsi dire du néant les vérités dont il enrichit la société, et qu'il augmente ses richesses les plus précieuses. On aurait prouvé encore que le privilège ne porte pas avec soi le moyen de faire une chose à l'exclusion d'autrui; qu'un privilège le mieux expédié, dans tous les régimes, n'a jamais donné la faculté d'être un historien, un poëte, un savant, ni empêché personne de le devenir; qu'il n'est que l'acte conservateur des fruits de ces honorables qualités, que le droit consacré, reconnu par cet acte, est un droit inhérent à celui qui illustre sa patrie par son génie, comme la gloire appartient au héros qui la doit au succès de ses armes; que le refuser à un auteur, le limiter, l'en dépouiller, ou le restreindre, c'est violer le droit naturel, livrer, abandonner l'homme de lettres aux pirateries, contre lesquelles sa qualité de citoyen seule lui donne le droit de requérir secours et protection; que l'acception du mot privilège, en librairie, doit sa naissance à l'excès de ces pirateries, exercées dès l'origine de l'imprimerie; et que depuis 1522, jusqu'en 1777, si sa création n'a pas totalement déraciné le mal, du moins on a reconnu qu'elle était le seul moyen capable de l'atténuer.

Egalement frappés de l'anathème lancé contre eux par les lois de 1777 et de 1793, les imprimeurs et les libraires sont aujourd'hui sans commerce, comme les auteurs sont sans propriétés.

Mais nous ne sommes plus dans le temps où l'on consacre les erreurs, et l'on ne verra pas, au dix-neuvième siècle, une propriété littéraire, considérée dans le rapport de son usage, plus défavorablement qu'une autre propriété, sous le prétexte que l'acte, qui en reconnaît l'existence, qui en légalise la création, a porté un nom que le scandale a quelquefois flétri.

Ce n'est pas que j'assimile totalement les propriétés littéraires aux propriétés immobiliaires, ou mobiliaires; ces dernières périssent, et les fruits du génie sont impérissables. L'acte qui constate une propriété de cette nature, doit donc être impérissable comme elle. Ce n'est pas cet acte qui donne une existence à la chose; au contraire, il la reçoit d'elle, il doit donc durer autant qu'elle; sa transmission n'émane pas de lui-même, il doit donc suivre le sort de la propriété à laquelle il est attaché, de laquelle il dépend. Pourquoi donc, en changeant de main, cet acte éteindrait-il le principe, auquel il doit son origine? Et cependant, par la loi de 1793, il réduit, à la qualité d'usufruitier, un héritier légitime, un cessionnaire de bonne-foi; l'un et l'autre sont dépouillés, malgré l'effet d'une transmission légale, parce que cette loi donne la faculté, par la transmission, de détruire ou détériorer la puissance du vendeur et la volonté de l'acquéreur, en les réduisant, contre leur gré, à un temps limité. Jamais acte, jamais contrat, a-t-il pu produire un pareil effet ?

Pourrait-on jamais vendre, voudrait-on jamais acquérir une propriété qui, par sa nature réduirait la jouissance de l'acquéreur à dix ans après la mort de son vendeur ? Et quel est le commerçant, qui après avoir gardé une marchandise pendant dix ans, sans la vendre, est obligé, si celui de qui il la tient est décédé, depuis ce temps, de la partager gratuitement avec tous ses confrères? Pourquoi donc le commerce de la librairie serait-il en butte à un fléau qui ne pèse sur aucun autre commerce ?

Mais, dira-t-on, depuis 1777 que ce mal existe, il s'est écoulé 30 années, et depuis 1793 qu'il s'est encore aggravé, un grand nombre d'auteurs, ou de leurs héritiers, ou de leurs cessionnaires, ont été dépouillés : comment faire sortir aujourd'hui du commerce général, ces propriétés particulières, pour les replacer dans les familles auxquelles elles ont été enlevées ? Il n'est pas nécessaire d'entrer dans de grands détails, pour établir que le même moyen qui a servi à détruire ces propriétés, peut être employé avec succès pour les rétablir. C'est le sujet d'un titre particulier dans le nouveau Code que je propose.

Je prouverai, au reste, plus amplement, la nécessité de cette mesure, en parlant de l'art dramatique, qui est nécessairement une propriété littéraire. Il suffit à présent de passer à la lecture du Code de l'imprimerie et de la librairie.

PROJET DE CODE

DE L'IMPRIMERIE ET DE LA LIBRAIRIE.

TITRE PREMIER.

Des Imprimeurs et des Libraires en général.

ARTICLE PREMIER. (1)

Nul ne peut exercer la profession d'imprimeur, ou de libraire, ou toutes les deux réunies, qu'il n'ait, au moins, vingt-un ans accomplis; qu'il n'ait subi un examen en langues latine et française, et un autre sur la manipulation de la typographie, ou le commerce de l'imprimerie; qu'il ne sache lire le grec; qu'il ne soit en état de corriger une épreuve de chaque langue, dans laquelle il aura subi examen, où il se trouvera, au moins, un passage grec; et qu'il n'ait fait apprentissage et compagnonage.

II. Toute personne exerçant aujourd'hui la profession d'imprimeur-libraire, ou celle de libraire seulement, est tenue de subir les examens prescrits par l'article précédent (*).

(1) AUTORITÉS. Edit du mois de mai 1571, art. 20; réglement de 1649, art. 4 et 8; arrêt du conseil, du 17 février 1667; édit du mois d'août 1686, titre 4, art. 21, et titre 6, art. 40; arrêt du conseil du 11 janvier 1698; réglement du 28 février 1723, titre 5, art. 28, et titre 6, art. 43; arrêt du conseil, du 30 août 1777, art. 1 et 2.

(*) Par ce moyen, le nombre des imprimeurs et des libraires se trouvera

III. Nous accordons à ceux qui rempliront les conditions ci-dessus, pour cette fois seulement, et sans tirer à conséquence, la dispense du temps qui leur reste à faire pour compléter celui de leur apprentissage et de leur compagnonage, à la charge, cependant, qu'ils prendront ces brevets de dispense, à notre Directoire des sciences et des arts.

IV. Les examens auront lieu, dans tout l'Empire, dans le délai de trois mois, à compter du jour de la publication du présent; à Paris, à notre Directoire, et dans les villes de nos départemens, ils seront subis aux sous-directoires qui y seront établis; tous ceux qui négligeront de s'y présenter, dans le délai prescrit, sont déchus de la faveur accordée par l'article précédent.

V. Les aspirans, soit à la profession d'imprimeur, soit à celle de libraire, ne pourront être reçus à l'examen, qu'en présentant leur brevet d'apprentissage et celui de compagnonage, ou celui de dispense que nous leur accordons, ainsi qu'il est dit article III (*).

VI. On n'obtiendra les brevets d'apprentissage ou de compagnonage, que sur un certificat de mœurs, délivré par l'imprimeur ou le libraire chez lequel les aspirans auront pris les notions de la profession qu'ils exercent, ou à laquelle ils se

---

réduit, et cette réduction nécessaire s'opérera par un motif légitime. Si les imprimeurs et les libraires qui exercent aujourd'hui étaient égaux en capacité, il faudrait sans doute prendre une autre mesure, mais l'expérience garantit que celle-ci peut suffire.

(*) On objectera peut-être que ceux qui ne seront pas reçus, auront fait cette dépense en pure perte. Je réponds que jamais un brevet d'apprentissage n'a été le garant qu'on serait admis à la maîtrise; mais bien qu'on travaillera pour en acquérir la capacité. On peut être refusé à un examen, et admis à un autre : les mutations par vente ou par décès laisseront la facilité de se représenter souvent.

destinent. Ce certificat fera mention du temps qu'ils y auront employé (*).

VII. Les anciens imprimeurs et les anciens libraires, qui ont subi examen aux ci-devant universités, et qui ont été reçus avant 1789, ne sont pas soumis aux formalités prescrites par les articles précédens; mais ils sont tenus d'échanger leur brevet et leur lettre de maîtrise, contre le brevet de capacité.

VIII. Tous les imprimeurs ou libraires, anciens ou nouveaux, prêteront serment, à Paris, à notre Directoire des sciences et des arts; et dans les départemens, à nos Sous-directoires.

IX. Tout imprimeur est libre de réunir à son état, le commerce de la librairie, et celui de la fonderie, en se soumettant à leurs différens réglemens.

X. Le brevet de capacité d'imprimeur, est fixé à 6,000 fr., celui de libraire à pareille somme, pour la ville de Paris; dans nos villes de départemens, ils seront établis suivant la population.

XI. (1) Chaque imprimeur, à Paris, est tenu d'avoir son attelier garni au moins de quatre presses et de neuf sortes de caractères romains, avec leurs italiques, depuis et compris le gros-canon jusques et compris le petit-texte. Les fontes de ces caractères seront neuves, et la police en sera réglée, de manière qu'on puisse faire, au moins, trois feuilles d'impression avec chaque caractère, depuis le gros-romain jusques au petit-texte. La quantité de fontes nécessaires, pour les imprimeurs des départemens, sera réglée d'après la localité.

(*) L'imprimerie étant un état de confiance, sur-tout pour le tirage, il n'est pas indifférent de connaître la moralité de ceux qui prétendent à l'exercer.

(1) AUTORITÉS. Edit du mois d'août 1686, article 2; declaration du 23 octobre 1713, article 6; réglement de 1723, article 51.

XII. Aussitôt après leur admission, les imprimeurs déposeront à notre Directoire des sciences et des arts, une épreuve des caractères de leur imprimerie, conforme à l'article ci-dessus, et signée d'eux. Ceux qui n'auront pas rempli cette formalité, ne pourront exercer, jusqu'à ce qu'ils en aient justifié. Tous les ans, il sera remis une pareille épreuve des caractères vieux ou neufs (*).

XIII. Toutes les fois qu'un imprimeur augmentera son imprimerie d'une ou plusieurs presses, il sera tenu d'en faire sa déclaration à notre Directoire, sous peine de 300 fr. d'amende, et par corps (**).

XIV. (1) Les imprimeurs, même ceux qui feront le commerce de la librairie ou de la fonderie, ne pourront avoir qu'un domicile, auquel ils seront tenus de mettre une indication apparente de leur état. Il leur est expressément défendu de travailler, faire travailler ou vendre ailleurs, sous peine de confiscation des presses, caractères et marchandises, 3,000 francs d'amende par corps, et fermeture d'atteliers et magasins à perpétuité.

XV. (2) Les portes des atteliers ne seront fermées, pendant

(*) Cette mesure, essentielle pour le maintien de l'exécution de l'art. XI, peut en outre fournir des données, des moyens de comparaison, pour reconnaître l'impression d'un pamphlet, d'un libelle, ou d'une contre-façon.

(**) Cette déclaration est nécessaire particulièrement pour le nombre d'apprentis qu'un imprimeur doit employer. *Voyez* l'article 42. Elle peut en outre beaucoup servir pour maintenir l'équilibre dans la répartition de l'impôt.

(1) AUTORITÉS. Déclaration du 30 août 1539, article 16; édit de mai 1571, article 16; réglement de 1618, article 30; arrêt du 20 juillet 1620; réglement de 1649, article 9; édit d'août 1686, article 14; réglement du 28 février 1723, article 5; déclaration du 10 mai 1728, article 7.

(2) AUTORITÉS. Réglement du 28 février 1723, article 85; déclaration du 10 mai 1728, article 7.

La scrupuleuse observation de cet article peut seule empêcher les imprimeurs tout le temps du travail, que d'un simple loquet. Il est expressément défendu aux imprimeurs d'avoir dans leurs maisons aucunes portes de communications sur rue ou maisons voisines de la leur, sous les mêmes peines que dessus.

XVI. (1) Les imprimeurs et les libraires sont sujets à des visites en tout temps. Les inspecteurs qui en sont chargés, sous les ordres du Préfet de police, saisiront les contrefaçons, et constateront les contraventions au présent réglement.

XVII. Tout imprimeur sera tenu, avant de mettre sous presses, de faire sa déclaration à notre Directoire, de l'ouvrage qu'il se propose d'imprimer ; si c'est dans un seul, ou dans plusieurs formats : cette déclaration signée de lui, indiquera, en outre, si c'est un ouvrage nouveau ou une nouvelle édition, combien il comportera de volumes, et enfin, quel en est l'auteur, sous peine de 500 francs d'amende par corps, et confiscation de l'ouvrage (*).

XVIII. Tout particulier ou imprimeur-libraire, ou libraire,

---

d'échapper à la surveillance des autorités constituées pour les impressions de pamphlets ou contrefaçons ; un contrefacteur, à Marseille entre autres, se soustrait par ce moyen à toutes les recherches.

(1) Autorités. Édit du mois de mai 1571, article 23 ; réglement de 1618, article 18 ; déclaration du 6 février 1625 ; réglement de 1649, article 21 ; arrêt du conseil du 11 septembre 1665 ; arrêt du conseil du 11 avril 1674 ; sentence du 17 décembre 1679 ; arrêt du parlement du 23 janvier 1680 ; édit du mois d'août 1686, article 57 ; arrêt du conseil du 1.er août 1704 ; réglement du 28 février 1723, articles 13, 85, 88 et 96 ; arrêt du conseil du 21 février 1742.

(*) Le succès de l'organisation de l'imprimerie et de la librairie et du maintien des propriétés, dépend de la stricte exécution de cet article et de celui des visites.

Le 3 mars 1773, le corps de la librairie demanda qu'il fût fait défenses de mettre sous presse aucuns livres, sans avoir obtenu la permission d'imprimer. Il ne paraît pas qu'il soit intervenu aucun réglement à ce sujet.

ou se disant auteur, qui ferait une fausse déclaration, sera condamné à des dommages et intérêts proportionnés au tort fait au véritable auteur.

XIX. Il sera donné expédition de cette déclaration ; elle vaudra garantie de propriété pour celui au nom duquel elle sera expédiée.

XX. Celui qui jugera à-propos de disposer de sa propriété, en transmettra aussi la garantie de jouissance directe. L'acquéreur sera tenu, pour s'en faire reconnaître propriétaire, de faire enregistrer cette mutation au Directoire, sous peine de 300 francs d'amende (*).

XXI. Il sera payé, pour l'expédition de garantie de chaque propriété, 60 francs. Le droit de mutation sera de moitié à chaque transport, soit qu'on transporte par parties ou en totalité.

XXII. Chaque nouvelle édition d'un ouvrage sera considérée comme mutation, et soumise au même droit (**).

XXIII. Aucun imprimeur ou libraire n'est responsable de l'ouvrage qu'il imprime, ou qu'il fait imprimer, quand l'auteur en est connu, si ce n'est que l'ouvrage soit séditieux, qu'il attaque les mœurs ou la religion; auquel cas il est réputé complice, et comme tel, passible des peines portées au titre VII, articles I et II.

XXIV. Il y aura des examinateurs libres, auxquels chaque imprimeur ou libraire, acquéreur d'un manuscrit, pourra s'adresser s'il le juge à propos, dans le cas où il ne s'en rapporterait pas à ses propres lumières; mais aucun n'y est astreint.

XXV. Ne sont pas soumis aux dispositions des articles XVII,

(*) Par ce moyen, l'administration sera toujours à même, lorsqu'elle saisira une contrefaçon, d'en faire avertir le propriétaire.

(**) Ce droit est fondé sur des bénéfices certains.

XVIII, XIX, XX, XXI et XXII, les ouvrages qui ne comportent qu'une feuille d'impression, qui s'impriment sur une simple permission de police, et ceux connus sous le nom d'ouvrages de ville ou bilboquets, tels que billets de mariage, circulaires, etc. Les Mémoires, signés d'un avoué, d'un avocat, ou de la partie, sont aussi exempts des dispositions ci-dessus, ainsi que les jugemens de nos tribunaux et arrêts de nos cours.

XXVI. (1) Les imprimeurs, ou libraires, sont tenus d'imprimer ou de faire imprimer en bons caractères, sur de beaux papiers et correctement, sous peine de confiscation de l'édition, du montant de laquelle ils seront responsables envers l'auteur, ainsi que des dommages et intérêts.

XXVII. Lorsqu'une addition ou correction n'aura pas été faite, à défaut d'avoir conféré l'épreuve avec la tierce, la feuille sera retirée aux dépens de l'imprimeur, sauf le recours de celui-ci contre ses prote, correcteurs ou compositeurs (*).

XXVIII. (2) Tout imprimeur est tenu de mettre son nom à la fin de chaque volume qu'il imprime, et celui du libraire, au

---

(1) AUTORITÉS. *Pour la première partie de l'article:* réglement de 1618, article 12; réglement de 1649, article 21; arrêt du conseil du 27 février 1665, édit d'août 1686, article 3; réglement du 28 février 1723, articles 9 et 88; arrêt du conseil du 10 avril 1725 : tous ces réglemens ne portent aucune peine en cas de prévarication. Je pense qu'il est nécessaire d'en fixer une, attendu l'état de délabrement dans lequel se trouveront encore des imprimeurs nouvellement admis.

(*) Cet article forcera les imprimeurs à se prémunir contre la négligence de leurs protes et ouvriers.

(2) AUTORITÉS. Déclaration du 11 décembre 1547; déclaration du 27 juin 1551, article 8; déclaration du 16 août 1571; réglement de 1618, article 12; arrêt du conseil du 2 octobre 1643; arrêt du parlement de 1645, il porte, à peine de *punition exemplaire;* arrêt du parlement de 1649; *ibid.* du 6 juillet 1663; *ibid.* du 24 mars 1678; édit d'août 1686, article 3, à peine de confis-

commencement, avec le nom de sa ville; il relatera aussi l'expédition de la déclaration de garantie, au commencement ou à la fin du volume, le tout, sous peine de 500 francs d'amende pour l'imprimeur, par corps, et confiscation de l'édition, et autant pour le libraire, dont, du tout, ce dernier sera responsable sous les mêmes peines.

XXIX. (1) L'imprimeur ou le libraire qui sera convaincu d'avoir supposé, sur un ouvrage, un autre nom que le sien, ou l'indication d'une autre ville, sera puni comme faussaire, condamné en 6000 francs d'amende, dont un tiers pour l'auteur ou son cessionnaire s'il a cédé; un tiers pour le Gouvernement, et l'autre tiers, au profit de celui dont il aura usurpé le nom, et confiscation des exemplaires (*).

XXX. Tout imprimeur ou libraire qui changera le titre d'un ouvrage, et par ce moyen, trompera la confiance publique, sera condamné, envers le Gouvernement, à l'amende de 2,000 francs par corps, et à la confiscation de l'édition (**).

XXXI. Les imprimeurs-libraires et les libraires ont seuls le droit de faire le commerce de livres. Les auteurs ou éditeurs jouiront de celui de pouvoir vendre, par eux-mêmes, leurs

---

cation et d'amende, article 4, à peine de *punition exemplaire*; arrêt du parlement du 3 décembre 1705; réglement du 28 février 1723, article 9; arrêt du conseil du 10 avril 1725.

(1) AUTORITÉS. Déclaration du 27 juin 1551, article 9; elle porte en outre *confiscation de corps et de biens*; arrêt du conseil du 24 mars 1618; il porte sous peine de *punition corporelle*; édit du 21 août 1686, article 5; il ne porte l'amende qu'à 3,000 fr.; *ibid.* article 62.

(*) Le tiers de l'amende au profit de celui dont on aura supposé le nom, est un dédommagement des dangers qu'il aura courus, si c'est un pamphlet ou un libelle, ou du tort qu'il aura éprouvé dans sa réputation, si c'est une contrefaçon.

(**) Cette amende est fondée sur la garantie que le Gouvernement doit au corps social. Il doit empêcher de tout son pouvoir tout ce qui peut tendre à surprendre la bonne-foi.

ouvrages seuls ou en concurrence avec le libraire qu'ils choisiront, s'il n'est que dépositaire. Ils ont également le droit de faire afficher, en se conformant aux réglemens.

XXXII. (1) Les auteurs, imprimeurs ou libraires ne pour-

(1) Autorités. Edit du mois d'août 1617; on ne peut mettre en vente sans avoir déposé deux exemplaires à la Bibliothèque. Sentence du Châtelet du *13 mai 1617*, qui condamne *Pommeray*, imprimeur, à remettre un exemplaire de tout ce qu'il a imprimé, ou fait imprimer depuis le mois d'*avril 1614*, et le contraint par la *saisie et vente de ses biens*. Réglement de 1618; il porte deux exemplaires à la Bibliothèque et un aux syndics. Sentence du 23 novembre 1619, qui rend les libraires associés solidaires pour ce fait. Sentence du 13 août 1620, qui défend d'afficher avant d'avoir remis les exemplaires au syndic. Arrêt du conseil du 21 octobre 1638, qui ordonne *la confiscation*. Sentence du 14 octobre 1641, qui défend de mettre en vente et d'afficher, sous peine d'amende, avant d'avoir envoyé l'exemplaire au syndic; arrêt du 19 mars 1642; il porte le *par corps*. Arrêt du conseil du 29 mars 1656, qui ordonne que les auteurs, imprimeurs et libraires seront tenus d'en remettre à la Bibliothèque, et à M. le Chancelier, sous peine de *révocation des privilèges*. Arrêt du conseil du 17 mai 1672, qui ordonne que tous auteurs, imprimeurs ou libraires qui ont obtenu, *depuis vingt ans, des privilèges*, seront tenus d'en remettre deux exemplaires à la Bibliothèque. Arrêt du conseil du 1.er mai 1676, qui ordonne que tous auteurs, imprimeurs ou libraires seront tenus de remettre, sous quinzaine, à la veuve du Garde-des-sceaux, un exemplaire de tous les ouvrages imprimés *depuis vingt ans, sous peine de confiscation des éditions, et d'amende de 1,500 francs*. Arrêt du conseil du *31 janvier 1685*, qui ordonne que de tous les ouvrages *imprimés depuis 1652*, il en sera remis deux exemplaires à la Bibliothèque, sous les mêmes peines. Edit du mois d'août 1686, article 9, qui ordonne que tous auteurs, imprimeurs ou libraires seront tenus de remettre *deux* exemplaires à la Bibliothèque; *un*, en celle du château du Louvre; *un*, en celle du Chancelier, et *un*, entre les mains des syndics de la librairie. Déclaration du roi du 11 septembre 1703, qui ordonne qu'au lieu d'*un* exemplaire aux syndics, il leur en sera dorénavant remis *trois* exemplaires. Arrêt du conseil du 17 octobre 1704, qui ordonne que *huit exemplaires* seront remis aux syndics, pour être distribués aux termes des réglemens précédens. Arrêt du conseil du 9 mai 1707, qui soumet les *réimpressions* aux

ront mettre en vente leurs ouvrages, soit premières éditions ou réimpressions, dans quelques villes qu'elles aient été mises sous presse, les faire annoncer dans les journaux, placarder, expédier par nos bureaux de postes, ou de toute autre manière, qu'après avoir justifié du certificat qu'ils ont déposé à notre Directoire à Paris, et à nos Sous-directoires, dans les départemens, huit exemplaires dudit ouvrage, dans lesquels se trouveront compris ceux de notre bibliothèque. Le tout, sous peine de 300 fr. d'amende par corps, et confiscation de l'édition.

XXXIII. Tous auteurs, imprimeurs ou libraires qui n'ont pas déposé à notre bibliothèque les ouvrages qu'ils ont fait imprimer ou réimprimer depuis 1789, sont tenus de faire le dépôt des huit exemplaires à notre Directoire, sous peine de confiscation des éditions. Ceux qui ne pourront pas justifier du certificat de ce dépôt, quinze jours après la publication du présent réglement, seront condamnés, en outre, à une amende de 50 francs par volume d'ouvrages qui n'auront pas été déposés (*).

XXXIV. (1) Les imprimeurs-libraires, ou libraires, ont seuls

---

mêmes réglemens. Déclaration du roi du 23 octobre 1713, article 1.er; elle porte les *huit exemplaires*. Arrêt du conseil d'état du 16 octobre 1715, qui porte les *huit exemplaires*. Réglement du 28 février 1723, article 108.

Autorités particulières pour la Bibliothèque impériale.

Déclaration du 8 octobre 1536; arrêt du parlement du 30 mars 1623; arrêt du conseil du 19 mars 1642; arrêt du 29 mai 1675; arrêt du conseil du 31 janvier 1685; ordre du 21 mai 1698; il porte trois exemplaires. Arrêt du conseil du 11 octobre 1720, articles 5 et 8. Réglement du 28 février 1723, article 108.

(*) Les autorités citées ci-dessus pour le précédent article, viennent à l'appui de celui-ci. Ce que j'ai dit d'ailleurs, en parlant de l'article 6 de la loi de 1793, pages 37 et suivantes, suffit pour justifier celui que je propose.

(1) Autorités. Arrêt du conseil du 4 février 1707; réglement du 28 février 1723, article 17; arrêt du conseil du 10 avril 1725, article 3; arrêt du conseil du 10 avril 1740; arrêt du conseil du 6 mars 1741.

le droit d'ouvrir des souscriptions; ils ne pourront cependant en recevoir que de l'agrément de notre Ministre de l'Intérieur, sur le rapport qui lui en sera fait par notre directeur-général, et après le dépôt fait dans ses bureaux, du prospectus de l'ouvrage, portant le modèle du caractère, et l'échantillon du papier qui serviront à l'impression. Les souscriptions qui ne seront pas retirées dans le délai de six mois, sont réputées nulles. Le prospectus de l'ouvrage proposé par souscription, relatera l'agrément du Ministre de l'Intérieur, et le présent article sera imprimé au commencement de chaque quittance de souscription.

XXXV. (1) Ils ont également le droit de tenir seuls, ouvert au public, un cabinet de lecture, ou littéraire : de faire tous catalogues, prisées de bibliothèques ou autres; ventes publiques, soit par autorité de justice, volontaires ou après décès, ou fonds de librairie. Ils sont tenus, dans ces derniers cas, d'avertir à notre Directoire des sciences et des arts.

XXXVI. Les imprimeurs-libraires ou les libraires ne pourront distribuer, dans le public, aucuns catalogues au rabais; lorsqu'ils voudront faire des ventes de cette nature, ils s'adresseront au directeur-général, qui donnera son agrément, pour que la vente soit faite à l'enchère, dans une salle à ce destinée, mais entre les libraires de Paris et des départemens seulement, qui en seront avertis par une circulaire.

---

(1) AUTORITÉS. *Pour les premières parties de l'article :* arrêt du parlement du 27 juin 1577; Sentence du 7 janvier 1609; réglement de 1618, article 24; réglement de 1649, article 18; édit du mois d'août 1686, article 68; déclaration du 5 septembre 1711, article 1.er; déclaration du roi du 25 février 1716; arrêt du conseil du 27 juillet 1716; réglement du 28 février 1723, articles 113, 114, 115 et 121; réglement du 27 juillet, *ibid.;* arrêt du conseil du 10 avril 1725, article 3; arrêt du conseil d'état du 14 juillet 1727; arrêt du conseil du 10 avril 1740.

XXXVII. (1) Les imprimeurs-libraires, et les libraires de Paris, sont tenus, aussitôt la publication du présent réglement, de déclarer à notre Directoire, et ceux des départemens, à nos Sous-directoires, les endroits où ils ont des magasins, sous peine de 1,500 francs d'amende, et confiscation des marchandises qui seront trouvées dans les lieux non-déclarés; ils sont astreints à la même déclaration, chaque fois qu'ils déménageront un magasin, et sous la même peine.

Il est enjoint à toute personne qui louera à un imprimeur ou à un libraire, un local autre que celui de son habitation, et où il ne mettra pas de tableau, d'en faire sa déclaration dans les 24 heures, au commissaire de police de son arrondissement, sous peine de 500 francs d'amende.

Quiconque recevra en dépôt des marchandises de librairie, sera condamné à une amende de 3,000 francs.

XXXVIII. Tout imprimeur qui sera reconnu avoir prêté son nom à un de ses confrères interdit, sera condamné en l'amende de 10,000 francs, et fermeture de ses atteliers à perpétuité.

XXXIX. Ne pourra être admis à exercer la profession d'imprimeur, quiconque aura passé en jugement pour faux, aura supporté deux condamnations comme débitant de contrefaçons, ou aura été saisi d'ouvrages contre l'état, la religion et les mœurs.

XL. Aucun imprimeur ou libraire ne pourra passer brevet à un apprenti, que celui-ci ne lui rapporte l'attestation du Directoire, comme il a subi examen, et qu'il est breveté au bureau, sous peine de 50 francs d'amende, et nullité du brevet.

XLI. (2) Il leur est également défendu de recevoir, comme

---

(1) Autorités. Déclaration du 5 septembre 1711, article 6; réglement du 28 février 1723, art. 13.

(2) Autorités. Déclaration du mois d'août 1539, article 15; édit de 1571,

apprenti, compagnon ou ouvrier, celui qui n'aurait pas fini son temps chez son premier maître. En conséquence, ils ne pourront embaucher aucuns ouvriers, s'ils ne leur représentent un certificat de l'imprimeur de chez lequel ils sortent, qui indiquera qu'ils sont libres et en état de travailler. Ce certificat sera visé à notre Directoire. Tout imprimeur qui enfreindra cet article, sera considéré comme débaucheur d'ouvriers, condamné à 300 francs d'amende, et 3 francs par jour, au profit du maître que l'ouvrier aura quitté; en cas de récidive, la condamnation sera du double, et fermetnre de l'attelier pendant un an; pour la troisième fois, l'amende sera triple, et l'attelier fermé à perpétuité.

XLII. Le nombre des apprentis est fixé, pour chaque imprimeur, à raison d'un pour deux presses, et un à la casse. (*)

XLIII. (1) Un imprimeur ne pourra congédier un compagnon, qu'en l'avertissant huit jours d'avance, si ce n'est pour débauches, désobéissance ou mutinerie, auquel cas il sera libre de faire passer sur l'ouvrage laissé, le compagnon qu'il jugera à-propos.

XLIV. Il ne pourra remercier un prote, correcteur ou chef d'attelier, qu'en l'avertissant un mois d'avance.

---

article 15; jugement du 14 octobre 1641; ordonnance du roi du 20 janvier 1654; *ibid.* du Châtelet du 27 janvier 1654; arrêt du 14 juillet 1654; *ibid.* du 2 janvier 1658; *ibid.* du 13 avril 1658; ordonnance du lieutenant civil du 17 mars 1663; édit du mois d'août 1686, articles 18 et 35; réglement du 28 février 1723; arrêt du conseil du 9 octobre 1724; arrêt du conseil du 27 août 1731.

(*) Cette mesure est nécessaire pour arrêter l'incorrection des ouvrages. Celui que la cupidité seule domine, monterait son imprimerie en apprentis qu'il ferait travailler avant qu'ils en soient en état, comme cela est arrivé depuis la révolution.

(1) Autorités. Déclaration du mois d'août 1539, article 14; *ibid.* du 10 septembre 1572, article 7; édit d'août 1686, article 36; réglement du 28 février 1723, article 36.

XLV. Tout imprimeur qui embauchera un prote, sous-prote ou chef d'attelier, qui ne lui aura pas justifié des conditions prescrites par l'article II du titre IV, sera condamné envers le maître qui aura été quitté, en 1,500 fr. de dommages et intérêts, sans préjudice de l'amende portée contre le prote par ledit article.

XLVI. Aucun imprimeur ne pourra commander une fonte, qu'il n'en donne avis au bureau, sous peine de 500 francs d'amende, et suspension de son état pendant six mois. L'avis indiquera à quel fondeur la commande est faite, et il lui sera délivré gratis un billet de commande.

XLVII. Les imprimeurs-libraires, ou libraires, qui vendent des papiers aux colporteurs, sont tenus de n'en délivrer qu'à ceux qui sont munis de leur plaque apparente, sous peine de 50 francs d'amende.

XLVIII. Il est permis à tout imprimeur de faire plier, coudre et brocher chez lui.

XLIX. Arrivant le décès ou la faillite d'un imprimeur, les auteurs, leurs héritiers ou légataires, sont privilégiés pour ce qui pourrait leur être dû.

L. Tous les trois ans il sera décerné une médaille d'or du prix de 500 francs, à l'imprimeur qui aura fait les éditions les plus soignées et les moins fautives.

LI. Il sera formé une caisse du produit des amendes et confiscations, pour établir des pensions aux imprimeurs ou libraires infirmes, ou à leurs veuves, ou à leurs enfans.

TITRE II.

Des Apprentis Imprimeurs et Libraires.

ARTICLE PREMIER (1).

TOUT apprenti imprimeur, ou libraire, est aspirant à l'une de ces qualités, ou à la réunion des deux.

II. Aucun ne pourra être reçu apprenti imprimeur, ou libraire, avant l'âge de quatorze ans, et qu'il ne sache le latin, et lire le grec.

III. Un apprenti à la presse, qui n'a pas la prétention d'obtenir le brevet de capacité, doit au moins savoir parfaitement lire et écrire.

IV. L'examen des apprentis à la casse, se fera dans la même forme que celle prescrite pour les imprimeurs, tit. I.er, art. VI. Ils présenteront, en conséquence, à Paris, à notre Directoire des sciences et arts, et dans les départemens, au Sous-directoire, un certificat de bonnes mœurs, afin d'obtenir jour pour subir examen.

V. Celui qui sera reçu à l'examen, sera reconnu apprenti; il lui en sera délivré brevet signé du directeur-général. Ce brevet coûtera 100 francs; mais le temps de l'apprentissage ne courra

(1) AUTORITÉS. Ces autorités sont relatives aux articles 1.er et 2. Déclaration du 10 septembre 1572, art. 9; réglement de 1649, art. 5; arrêt du parlement du 3 septembre 1674; sentence du 15 juin 1677; édit du mois d'août 1686, art. 21; arrêt du parlement, du 1.er mars 1687; réglement du 28 février 1723, article 20; arrêt du conseil du 10 décembre 1725.

que du jour de son entrée chez un imprimeur, ce qu'il ne pourra justifier que par acte notarié.

VI. (1) Le temps de l'apprentissage sera de quatre années entières et consécutives, dans l'imprimerie comme dans la librairie.

VII. Tous ceux qui sont entrés en apprentissage depuis 1789, ou qui n'ont pas été brevetés auparavant, sont tenus de se présenter à notre Directoire, dans le délai d'un mois, afin d'y obtenir le brevet de dispense du temps que nous leur accordons par l'article III du titre I.er; faute de quoi ils ne pourront prétendre à la qualité d'imprimeur ou à celle de libraire, et sont déchus de leur apprentissage.

VIII. Ne sont pas soumis à l'article ci-dessus, ceux qui se sont conformés, avant 1789, aux réglemens; il leur suffira de faire changer leurs brevets à notre Directoire.

IX. (2) Tout apprenti qui s'absentera, sans cause légitime, de chez son maître, sera tenu, pour la première fois, de faire le double du temps de son absence; et pour la seconde fois, déchu de son apprentissage, sans qu'il puisse jamais y être reçu à l'avenir.

X. Sera pareillement déchu de son apprentissage, celui qui se permettrait de communiquer dans une autre imprimerie, les épreuves, ou les feuilles des ouvrages qui s'imprimeraient dans l'attelier auquel il serait attaché.

---

(1) Autorités. Arrêt du parlement du 26 mai 1615; réglement de 1618, art. 2 et 4; sentence du Châtelet du 2 mars 1641; réglement de 1649, art. 6; sentence du prévôt de Paris du 22 octobre 1663; édit d'août 1686, article 22; réglement de 1723, article 20.

(2) Autorités. Réglement de 1618, article 5; édit du mois d'août 1686, article 26; réglement de 1723, article 25.

XI. (1) L'apprentissage expiré, l'apprenti retirera au bas de son brevet certificat de son maître, qu'il a bien et fidèlement rempli ses devoirs, et présentera le tout à notre Directoire, pour en obtenir le brevet de compagnon.

XII. Le décès d'un brévetaire arrivant avant l'expiration du temps de l'apprentissage, si la veuve ne continue pas, ou que l'imprimerie soit fermée, par force majeure, ou par une raison quelconque, l'apprenti finira son temps dans la maison qui lui sera indiquée par notre Directoire.

XIII. Les apprentis libraires suivront, en ce qui les concerne, le mode indiqué pour les apprentis imprimeurs.

XIV. Tout apprenti imprimeur ou libraire qui pendant une visite chez son maître, se permettrait de mettre en pâte une forme, une galée, ou une page de composition, sera considéré comme faisant rebellion à justice, puni de six mois de détention, et déchu de son apprentissage.

XV. Copie du présent titre sera délivré à l'apprenti, en tête de son brevet.

TITRE III.

Des Compagnons Imprimeurs et Ouvriers, des Garçons Libraires.

ARTICLE PREMIER.

Tout apprenti qui a fini son temps d'apprentissage est compagnon, et comme tel, tenu de se faire bréveter à notre Directoire général.

(1) Autorités. Arrêt du parlement du 26 mai 1615; réglement de 1618, article 6; édit du mois d'août 1686, article 27; réglement du 28 février 1723, article 26.

II. Le brevet de compagnon est fixé à 100 francs.

III. (1) Tout compagnon est tenu, pendant ses trois années de compagnonage, de se présenter, à Paris, à notre Directoire, et dans les départemens, au Sous-directoire du lieu où il se trouvera, tous les trois mois, avec un certificat de l'imprimeur chez lequel il travaille, pour y faire viser son brevet; faute de quoi il ne peut prétendre à la qualité d'imprimeur.

IV. A l'égard des compagnons qui ont fait leur apprentissage depuis 1789, ils sont tenus de se présenter, dans le délai d'un mois, à notre Directoire, muni du certificat de l'imprimeur chez lequel ils sont embauchés, qui constate qu'ils sont en état de travailler, pour y prendre le brevet de dispense du temps que Nous leur accordons, titre I.er, article III; faute de quoi, ils ne pourront prétendre à la qualité d'imprimeur ou de libraire.

V. Les compagnons sont tenus de se conformer en tout, aux ordres du maître, ou des protes et chefs d'atteliers qui les représentent.

VI. (2) Les compagnons ne pourront quitter les ouvrages en train, sans le consentement du maître qui les emploie, sous

---

(1) Autorités. Edit de 1686, article 39; réglement du 28 février 1723.

(2) Autorités. Déclaration du mois d'août 1539, articles 6 et 13; déclaration du 21 septembre 1571, art. 22; elle porte *le par corps;* ordonnance du Châtelet du 27 janvier 1654; elle porte *prison en cas de récidive;* arrêt du parlement du 2 janvier 1658; ordonnance du lieutenant civil du 17 mars 1663; elle porte, *à peine d'être privé à l'avenir de la maîtrise;* édit du mois d'août 1686, article 37; sentence du 7 décembre 1700; réglement du 28 février 1723, article 34; arrêt du conseil du 9 octobre 1724, articles 9 et 10; arrêt du conseil du 27 août 1731, articles 1 et 3.

Les anciens réglemens ne font pas de distinction pour les délits entre les compagnons et les chefs. *Voyez* les motifs que je donne, en citant les autorités de l'article 2, au titre 4, pour la distinction que j'établis.

quelque prétexte que ce soit, sous peine de 24 francs d'amende, que le maître est autorisé à retenir sur la banque, à son profit. Ils sont tenus d'avertir leur maître, huit jours avant que le labeur finisse, pour obtenir leur billet de sortie. Celui qui a la mise en page, sera considéré comme chef, et comme tel, passible de l'amende portée, article II, titre IV.

VII. Tout compagnon ou ouvrier qui emportera du salé de chez son maître, sera puni de quinze jours de prisons, et n'en pourra sortir, qu'après avoir remboursé la somme par lui emportée.

VIII. (1) Tous compagnons ou ouvriers qui mettront bas ensemble, dans un attelier, seront regardés comme rebelles au présent Code, et punis de quinze jours de détention. Ceux qui en seront reconnus les chefs, le seront de trois mois.

IX. Tout ouvrier ou compagnon qui refusera de passer sur l'ouvrage d'un autre, renvoyé pour quelque cause que ce soit, sera passible de la même peine.

X. Tout compagnon qui serait convaincu d'avoir communiqué, ou la copie, ou les épreuves d'un ouvrage de la maison où il travaillerait, ne pourra être reçu dans aucune imprimerie.

XI. Les journées de compagnons commenceront, en été, à 6 heures du matin, jusqu'à 8 heures du soir, et en hiver, à 7 heures du matin, jusqu'à 8 du soir; ils ont une heure pour le repas du dîner.

XII. Les compagnons de Paris, qui quitteront une imprimerie pour courir les départemens, ou ceux qui viendront des départemens s'embaucher dans cette ville, sont tenus de faire viser, avant leur départ, au Directoire ou au Sous-directoire, le certi-

---

(1) Autorités. Déclaration du mois d'août 1539, art. 6; sentence du 7 décembre 1700; elle porte 200 *l. de dommages et intérêts, et 100 l. d'amende;* réglement du 28 février 1723, article 34.

ficat du maître qu'ils auront quitté ; faute de quoi ils ne pourront être reçus dans aucune imprimerie.

XIII. Les compagnons de province qui voudront quitter une ville, pour aller travailler dans une autre, sont tenus de faire viser le certificat de l'imprimeur qu'ils quitteront, au Sous-directoire le plus prochain de leur résidence, et de le faire légaliser par l'autorité compétente. Ils justifieront de ce certificat visé, et de sa légalisation, au Directoire ou Sous-directoire de la ville dans laquelle ils s'arrêteront, en déclarant chez quel imprimeur ils entrent; faute de remplir ces formalités, ils ne pourront être embauchés sous les peines portées pour les maîtres, article XLI du titre I.er

XIV. Défendons aux compagnons à la presse, de corriger ce qui pourrait se gâter, se casser, ou tomber de leurs formes, soit en la serrant, desserrant, ou en touchant; leur enjoignons d'avertir le prote, pour faire les corrections, sous peine de retirer à leurs dépens la feuille dans laquelle il se trouverait des fautes qui n'existeraient pas sur la tierce.

XV. Tout compagnon imprimeur qui, pendant une visite, mettrait en pâte une forme, une galée, ou une page de composition, ou qui se permettrait d'une manière quelconque de troubler la visite, sera puni d'un an de détention.

XVI. Tous les ouvriers imprimeurs sont soumis au présent titre, comme les compagnons, ainsi que les garçons libraires, en ce qui les concerne.

XVII. Il sera délivré une copie du présent titre, à chaque compagnon imprimeur ou garçon libraire, en tête de son brevet.

TITRE IV.

Des Protes, Sous-protes, Correcteurs, Chefs d'atteliers, et Gens de conscience.

Article premier.

Les protes, sous-protes, chefs d'atteliers ou gens de conscience, sont soumis aux mêmes réglemens que les compagnons.

II. (1) Tous ceux qui ont la direction de plusieurs ouvriers, dans un attelier, ne pourront quitter leur maître qu'en l'avertissant deux mois d'avance, et trois mois pour une veuve, sous peine de 100 francs d'amende, au profit du maître. On n'obtiendra son billet de sortie, qu'après les avoir acquittés.

III. (2) Les feuilles mal corrigées ou mal tirées seront remises sous presse aux dépens de ceux qui en auront eu la direction, hors le cas prévu par l'article XIV du titre III.

IV. (3) Les protes, sous-protes ou chefs d'atteliers, sous quel-

(1) Autorités. Déclaration du mois d'août 1539, article 17; réglement du 28 février 1723, articles 34 et 37. Ils ne portent l'amende qu'à 20 liv., ainsi que pour les ouvriers qui quittent l'ouvrage en train. J'ai mis cette amende à 24 fr., article 6 du titre 3, et je la porte ici à 100 fr., parce qu'un chef qui manque, arrête tout un attelier, et qu'un compagnon qui quitte, ne peut pas produire le même désordre : j'en excepte cependant ceux qui ont la mise en page, qui peuvent souvent arrêter sept à huit ouvriers, et je les assimile aux chefs ainsi qu'il est dit article 6 du titre 3.

(2) Autorités. Réglement de 1610, article XI; réglement de 1618, article 69; statuts de 1683, titre 6, article 1.er; édit du mois d'août 1686, article 46; réglement du 28 février 1723.

(3) Autorités. Arrêt du conseil du 10 avril 1725, article 2; il porte sous

que dénomination qu'ils soient, seront présens les uns ou les autres lorsqu'on mettra sous presse, afin d'examiner si en desserrant ou serrant pour mettre en train, il n'est pas tombé quelques lettres, sous peine d'être responsables des incorrections, et de faire, dans ce cas, retirer la feuille à leurs dépens.

V. Le prote qui aura porté du salé pour un ouvrier sur le registre de banque, en est responsable vis-à-vis du maître, sauf son recours contre l'ouvrier qu'il pourra exercer, ainsi qu'il est dit art. VII du titre III.

VI. Tous protes, sous-protes, correcteurs, chefs d'atteliers, gens de conscience ou autres personnes attachées à l'attelier de l'imprimeur chez lequel on ferait une visite, sont soumis à l'article XV du titre III.

VII. Tous les dix ans, le meilleur prote ou correcteur qui se sera le plus distingué dans sa partie, sera breveté gratuitement de la qualité d'imprimeur.

TITRE V.

Des Veuves d'Imprimeurs et de Libraires et de leurs Enfans.

ARTICLE PREMIER (1).

LES veuves d'imprimeurs, celles de libraires, ont la faculté de tenir la maison de leur défunt mari, à moins qu'elles n'épou-

---

peine de *confiscation de l'ouvrage et privation du privilège ou permission.* Avertissement du 19 juin 1731; il ordonne qu'il sera fait *des cartons aux dépens des imprimeurs*, ou que *les livres seront déchirés s'ils sont trop défectueux.* Réglement du 28 février 1723.

(1) AUTORITÉ. Réglement du 28 février 1723.

sent un homme qui n'ait pas les qualités requises pour être reçu imprimeur ou libraire, auquel cas elles ne pourront plus exercer.

II. Dans le cas contraire, le mari sera tenu de se faire recevoir dans le mois de son mariage.

III. (1) Les veuves pourront, pendant leur veuvage, faire finir le temps à leurs apprentis; mais elles n'en pourront prendre de nouveaux, auxquels elles donneraient qualité.

IV. Les filles en majorité auront le même droit que les veuves, mais elles ne pourront l'exercer que pendant un an.

TITRE VI.

Des contrefaçons, de leur impression, de leur débit; des Fabricans et Débitans de contrefaçons et d'éditions subreptices.

ARTICLE PREMIER.

LA fabrication de la contrefaçon, est la consommation du vol de la propriété d'autrui.

Ce vol est simple ou composé.

Il est simple, lorsque celui qui fabrique la contrefaçon, imprime sur l'édition originale, et qu'il y met son nom et son adresse, ou qu'il n'en met aucun.

Il est composé, lorsqu'il y met un autre nom que le sien, ou qu'il imprime une édition subreptice (d'après les moyens tachy-

(1) AUTORITÉS. Réglement de 1618, article 10. Le réglement de 1649 le permettait, mais on en reconnut l'abus, et l'édit du mois d'août 1686 l'a défendu de nouveau.

graphiques ou sténographiques), sans y mettre son nom et son adresse.

Dans le premier cas, la connaissance en appartient à la police correctionnelle, sauf l'appel.

Dans le second, comme ce délit est aggravé du crime de faux, il appartient au tribunal spécial. Le faux sera considéré comme un faux en écriture privée. Le tribunal spécial, saisi du faux, prononcera en même temps, et sans appel ni recours en cassation, sur le délit de contrefaçons, d'après la présente loi.

II. Les traces de la fabrication d'une contrefaçon, constatées dans le domicile d'un imprimeur, suffisent pour l'indiquer comme contrefacteur.

Ces traces consistent :

1.° Dans la copie ou partie de la copie trouvée à un ou plusieurs visorions, ou dans les rangs des compositeurs.

2.° Dans partie de la composition, soit dans le composteur, soit dans la galée, ou en page; soit enfin dans des lignes qui se trouveraient encore formées dans un pâté.

3.° Dans les épreuves, ou partie de la copie trouvée à la proterie.

4.° Dans la forme de la coupure de la frisquette, ainsi que dans celle de sa découpure.

5.° Dans le foulage sur le tympan.

6.° Sur les feuilles de décharge.

7.° Dans les paquets de pile de l'édition emmagasinés.

Tous ces indices n'ont pas besoin d'être réunis, pour constater la fabrication d'une contrefaçon : un seul suffit.

III. (1) La peine du fabricant de contrefaçon simple, est la

---

(1) Autorités. Arrêt du conseil du 9 août 1664; il prononce *le par corps*. Arrêt du conseil du 27 février 1682; il porte *punition corporelle*. Edit du mois d'août 1686; il porte aussi *punition corporelle*. Arrêts du conseil du 19 juillet 1706 et du 13 décembre de la même année; ils portent *fermeture de*

condamnation par corps, à 1,000 francs d'amende, par feuille de l'édition originale; confiscation de l'ouvrage, lequel sera mis au pilon, et fermeture des atteliers, magasins ou boutiques, pendant six mois, pour la première fois; en cas de récidive, l'amende sera double, et la fermeture des atteliers, magasins ou boutiques à perpétuité.

IV. La fabrication de contrefaçon du genre composé, sera également punie, outre la peine du faux, de 1,000 francs d'amende par feuilles de l'édition originale, comme dans l'article précédent (*).

V. La fabrication de l'édition subreptice sera punie, outre la peine du faux, de la condamnation de l'amende de 2,000 fr. par feuilles de l'édition saisie; confiscation et vente des marchandises et ustensiles, et fermeture à perpétuité.

VI. Tout débitant de contrefaçon ou d'édition subreptice, est passible de la même peine que le fabricant, pour la condamnation de laquelle ils sont solidaires et par corps (**).

VII. L'amende sera prononcée, un tiers en faveur du Gouvernement, un tiers en faveur de l'auteur, et le dernier tiers en faveur du cessionnaire, à moins que celui-ci ne soit propriétaire, en totalité, de l'ouvrage; auquel cas il recevrait la moitié de l'amende. Il en sera de même, si l'auteur a fait imprimer à ses frais (***).

---

boutique. Arrêt du conseil du 5 mars 1708; il ordonne *la déchéance de la maîtrise, et la vente des presses et ustensiles*. Réglement du 28 février 1723, article 109; il porte *punition corporelle*, en cas de récidive.

(*) Les édits, arrêts et réglemens cités ci-dessus, viennent à l'appui de cet article.

(**) La solidarité est fondée sur ce qu'un libraire riche fait souvent imprimer par un imprimeur insolvable, *et vice versâ*.

(***) Le tiers de l'amende en faveur de l'auteur, qui peut même avoir cédé en partie son ouvrage, est fondé sur le tort que le débit d'une contrefaçon lui fait pour une nouvelle édition.

VIII. Tout imprimeur qui sera chargé d'imprimer pour un libraire connu, qui, au terme de l'article XXVIII du titre I.er, aura mis sur l'ouvrage le nom de ce dernier avec le sien, après avoir préalablement fait la déclaration portée en l'article XVII du même titre, ne pourra être considéré comme fabricant de contrefaçon, ni même d'édition subreptice; mais dans ce cas, la condamnation portée en l'article III du présent titre, sera prononcée double contre le libraire (*).

IX. Tout débitant d'éditions subreptices, qui porterait le caractère indiqué dans l'article précédent, ne pourra supporter aucune condamnation pour ce fait, à moins qu'il ne soit reconnu pour les avoir fait imprimer, ou qu'il refuse de déclarer de qui il la tient (**).

X. Sont réputées éditions subreptices, les éditions d'ouvrages inédits, non encore connus dans le commerce, et dont l'imprimeur, ou le libraire, ne pourra justifier d'un traité ou d'une convention par écrit avec l'auteur, quand même la déclaration prescrite par l'article XVII du titre I.er aurait été faite.

XI. Tous imprimeurs et libraires, commissionnaires en librairie ou autres, chez lesquels on trouverait un dépôt de contrefaçons ou d'éditions subreptices, quand même elles ne seraient pas exposées en vente, sont soumis aux peines portées aux articles V et VI du présent titre.

XII. Tout particulier étranger au commerce de la librairie, chez lequel on saisira une contrefaçon, ou une édition subrep-

(*) Un imprimeur qui satisfait aux réglemens de son état, ne peut être inquiété, quand d'ailleurs il a travaillé pour un homme connu.

(**) Cette distinction est fondée sur la justice. Il n'est pas possible qu'un libraire qui voit mettre en vente un ouvrage nouveau, revêtu des formalités prescrites par la loi, soupçonne que celui qui l'a fait établir n'en est pas le légitime propriétaire. On ne peut suspecter sa bonne-foi que dans le cas où il refuse lui-même de la justifier.

tice, encourra la même peine que le fabricant, et 3,000 fr. d'amende en sus, à moins qu'il ne déclare celui qui la lui a déposée; dans ce cas, il ne supportera que la condamnation portée en l'article XXXVII du titre Ier.

XIII. Toute contrefaçon, quoique portant une date antérieure au présent réglement, sera réputée faite postérieurement (*).

XIV. Toutes les saisies de contrefaçons ou autres, seront déposées à notre Directoire, ou à nos Sous-directoires, avec le procès-verbal qui les constatera, et poursuivie à sa requête.

XV. Toutes les amendes seront versées à la caisse de notre Directoire, pour être employées ainsi qu'il est dit article VII du présent titre.

TITRE VII.

Des libelles, des livres contre l'état, la religion et les mœurs.

ARTICLE PREMIER (1).

QUICONQUE composera, imprimera, fera imprimer, vendra, exposera en vente, distribuera ou colportera des livres prohi-

(*) Cet article paraît au premier coup-d'œil donner à la loi un effet rétroactif; mais il faut considérer que s'il n'avait pas son exécution, on aurait la liberté de mettre toujours sous presse des ouvrages anciens avec une date antérieure à la loi, et qu'on éluderait par ce moyen les peines portées par le présent Code.

(1) AUTORITÉS. Ordonnance du 17 janvier 1561, article 13; elle punit, pour la première fois, *du fouet;* pour la seconde, *de la vie.* Ordonnance du 10 septembre 1563, sous peine *d'être pendu et étranglé.* Arrêt du parlement du mois de juillet 1565; ordonnance de 1566, article 77; ordonnance de 1571, article 10; arrêt du premier décembre 1584, qui *condamne un nommé Belville*

bés par leur nature, tels que libelles contre l'état, la religion, les mœurs, ou des écrits tendant à troubler la tranquillité publique, ou des libelles diffamatoires propres à jeter le trouble dans les familles, ou des placards ou affiches, sera puni suivant la rigueur des lois, et privé, en outre, de l'exercice de sa profession sans jamais pouvoir y rentrer, et condamné à 3,000 fr. d'amende.

II. Les imprimeurs qui se trouveront saisis des formes desdits ouvrages, ou chez lesquels on reconnaîtra les traces d'impressions indiquées dans l'art. II du titre VI, seront également punis comme si l'ouvrage avait été trouvé sous presse.

III. Sont réputés libelles, les mémoires non signés d'un avocat ou de la partie.

IV. Les amendes seront prononcées à notre profit, et versées à la caisse de notre Directoire.

à être pendu, pour avoir imprimé un livre contre le Roi. Arrêt du mois de septembre 1610, qui condamne les nommés *Dujarrige, Chesbobin et Chapmartin, qui furent pendus tous les trois* à Paris. Ordonnance de 1598, article 21; ordonnance de 1616, article 42, elle porte *sous peine de la vie*. Réglement de 1618, article 13; arrêt du 24 octobre 1652, portant que les *imprimeries de ceux qui vendent des libelles seront vendues sur le champ*. Arrêt du 18 août 1666; autre du 9 décembre 1670, portant défenses de vendre aucuns libelles écrits, *sous peine du fouet et du bannissement* pour la première fois, et *des galères* pour la seconde. Déclaration du 10 mai 1728, article 2, elle porte *pour la première fois la peine du carcan pour les imprimeurs*; l'article 3 porte *pour les auteurs, le bannissement à temps*, pour la première fois, et *à perpétuité* pour la seconde. Ordonnance du 8 juin 1735; arrêt du conseil-d'état, du 18 mars 1737; ordonnance du 24 août 1722, qui défend l'entrée des libelles. Réglement du 28 février 1723, article 99; ordonnance du Roi du 31 octobre 1734; ordonnance du Roi du 25 septembre 1742.

TITRE VIII.

De l'envoi et transport des marchandises de librairie, tant dans l'intérieur de la France, que de celles allant et venant des pays étrangers, et des caractères et ustensiles d'imprimerie vendus après décès des imprimeurs pour les départemens.

ARTICLE PREMIER (1).

Tous livres, soit en feuilles, brochés ou reliés, envoyés en balles, ballots, tonnes, tonneaux, caisses, malles, coffres, bannes, paquets, ou de quelque manière que ce soit, et destinés pour un pays quelconque, en France ou chez l'étranger, seront marqués *LIBRI*, sous peine de 1,500 francs d'amende.

II. Les libraires, les imprimeurs, qui feront parvenir des livres dans les départemens ou chez l'étranger, ou toute autre personne qui en ferait passer pour son usage, sont tenus d'en fournir avertissement par écrit et signé, au Directoire ou Sous-directoire de leur domicile. Cet avertissement indiquera le lieu de la destination, le nom de la personne à laquelle le ballot ou paquet sera adressé, celui du roulier ou voiturier qui le chargera, et à quelle époque il doit être rendu ; un double de cet avertissement qui restera déposé au Directoire ou Sous-directoire, sera remis gratis au déclarant, pour être joint à la lettre de voiture, sous peine, contre le contrevenant, de quelque qualité qu'il soit, de saisie et de 3,000 fr. d'amende, et par corps.

---

(1) AUTORITÉS. Arrêt du parlement du 11 février 1675 ; réglement du 28 février 1723, article 3.

III. (1) Tout ballot, balle ou paquet quelconque, marqué *LIBRI*, ne pourra être visité dans aucun lieu, si ce n'est au bureau du Directoire ou Sous-directoire de sa destination; en conséquence, il est enjoint à tous inspecteurs, contrôleurs, commis, gardes des bureaux d'entrée, préposés aux barrières de Paris, ou autres nos frontières, de les laisser passer librement, jusqu'au bureau du lieu de leur destination, sans en délivrer aucun à qui que ce soit.

IV. Autorisons cependant les commis ou employés à se faire représenter, par les rouliers ou voituriers, la lettre de voiture des ballots, balles de livres, etc., ainsi que l'avertissement qui doit y être joint; et si lesdits ballots ou balles ne se trouvent pas sur la route de leur destination, ou que le voiturier refuse d'en justifier, il en sera dressé procès-verbal, et lesdits ballots ou balles seront saisis et envoyés de suite, avec le procès-verbal, au Directoire ou Sous-directoire le plus prochain du lieu; copie du procès-verbal préalablement laissé au voiturier : le tout aux dépens de qui il appartiendra.

V. Les ballots de livres, destinés pour un lieu où il n'y a pas de Directoire, seront déchargés au Sous-directoire le plus voisin de la destination; le ballot sera ouvert dans la forme indiquée, article II, titre IX, le jour le plus prochain, en présence de celui auquel il sera adressé, ou lui dûment appelé. Le procès-verbal mentionnera l'état des marchandises, si elles sont avariées, et il fera foi en justice (2).

VI. Si le ballot se trouve en contravention aux articles du

(1) AUTORITÉS. Cette visite se faisait autrefois aux chambres syndicales. Ordonnance du 27 juin 1551, article 15; arrêt du parlement du 15 février 1611; réglement de 1618, articles 19 et 21; réglement de 1649, articles 13 et 15; ordonnance du 10 septembre 1669; ordonnance du prévôt du 8 novembre 1670; réglement du 28 février 1723, article 89; *ibid.*, article 91.

(2) AUTORITÉS. Sentence du châtelet du 9 août 1662; arrêt du parlement du 4 mai 1665; réglement du 28 février 1723, article 93.

présent titre ; que l'envoi de livres ne soit pas conforme à la facture ; que l'avertissement du bureau du départ n'y soit pas joint, ou que ces formalités remplies, il s'y trouve des livres prohibés, des contrefaçons ; le tout sera saisi sous les peines portées au présent Code.

VII. (1) Il est défendu à tout conducteur de messageries, diligences, cabriolets, courriers, rouliers, cochers, charretiers ou autres voituriers par terre ou par eau, sous quelques dénominations qu'ils puissent être, qui seront chargés de ballots ou paquets de livres, de les recevoir, si l'avertissement du Directoire ou du Sous-directoire n'est pas joint à la lettre de voiture, sous peine de 3,000 francs d'amende, et par corps, dont les maîtres seront responsables pour leurs voituriers, ou cochers, ainsi que les bureaux de roulage, pour les rouliers qu'ils auront chargés, et confiscation des chevaux, harnois, voitures ou bateaux.

VIII. Il leur est également défendu, et sous pareilles peines, de décharger les ballots ou paquets de livres ailleurs qu'au bureau du Directoire ou Sous-directoire de leur destination.

IX. Tous livres qui seront trouvés parmi d'autres marchandises, seront saisis, ainsi que les marchandises avec lesquelles on aurait voulu les faire passer, et celui ou ceux qui les auront

---

(1) Autorités. Ordonnance du prévôt du 2 juin 1617 ; arrêt du parlement du 17 janvier 1645 ; sentence du Châtelet du 30 août 1653 ; sentence du 28 septembre 1657 ; sentence du 15 octobre 1661 ; arrêt du parlement de Rouen du 11 février 1675 ; sentence du 14 août 1677 ; ordonnance de police du 9 avril 1680 ; sentence de police du 7 mars 1681 ; sentence de police du 1.er avril 1681 ; arrêt du conseil du 29 août 1682, pour les voituriers par eau ; édit du mois d'août 1686, art. 58 ; sentence du Châtelet du 6 juin 1698 ; sentence du 6 octobre 1702 ; arrêt du parlement du 3 mars 1703 ; sentence de police du 25 avril 1721 ; arrêt du conseil du 10 septembre 1735 ; réglement du 28 février 1723, article 90.

envoyés, condamnés et par corps, en l'amende de 3,000 francs, sauf l'exécution du présent Code, sur la nature des livres qui seraient saisis; il est enjoint à tous commis, inspecteurs, contrôleurs ou autres préposés à la recette de nos droits, d'envoyer sur-le-champ au bureau du Directoire ou Sous-directoire le plus prochain, toutes les marchandises saisies, avec les livres et le procès-verbal qui le constatera; le tout aux dépens de qui il appartiendra.

X. (1) Les voituriers, rouliers ou autres par terre ou par eau, chargeant des ballots ou paquets de livres pour la France, venant de l'étranger, sont tenus de faire plomber leurs ballots, sous les peines ci-dessus, au bureau du Sous-directoire le plus prochain de la frontière, et d'y prendre un avertissement. Cet avertissement leur sera donné sur la lettre de voiture; le tout sous peine de 3,000 francs d'amende, et par corps, contre les contrevenans, confiscation des marchandises, voitures, chevaux et harnois ou bateaux, dont les maîtres seront garans, ainsi qu'il est porté article VII.

XI. A l'égard des livres envoyés de France chez l'étranger, la visite en sera faite au bureau du Directoire ou Sous-directoire du lieu du départ, sur l'avertissement qui lui en sera donné, sous les peines portées article II. Le ballot y sera plombé, et il sera remis au voiturier un laissez-passer les frontières, pour la

---

(1) Autorités. Ordonnance du mois de janvier 1629; il porte *1000 francs d'amende et punition corporelle;* arrêt du conseil d'état du 2 octobre 1643; arrêt *idem* du 1.er mars 1681; *il porte l'amende à 3,000 fr.;* édit du mois d'août 1686, article 58; arrêt du conseil d'état du 11 juin 1710; autre du 19 juin 1717; autre du 28 décembre 1717; autre du 8 mars 1721; autre du 20 janvier 1723; autre du 25 mai *idem;* réglement du 18 février 1723; arrêt du conseil du 10 juin 1735; autre du 31 octobre 1738; *idem*, du 11 avril 1740; autre du 14 septembre 1741; jugement du lieutenant de police du 23 juin 1742.

La plupart de ces édits, arrêts et réglemens désignent les pays par lesquels devaient entrer les marchandises de librairie dans l'ancien régime; mais ils sont les mêmes, quant au fond, de l'article 10 projeté.

destination indiquée : ce laissez-passer restera au bureau des employés après la reconnaissance des plombs.

XII. Tous ballots, balles, caisses ou autres paquets de livres dont les plombs ne seront pas reconnus sains et entiers à la frontière, seront saisis au terme de l'article II. Les commis-inspecteurs ou contrôleurs sont tenus d'envoyer sur-le-champ leur procès-verbal de saisie, avec le ballot, au Sous-directoire le plus prochain du lieu, aux risques, périls et fortune de qui il appartiendra ; il y restera déposé sans frais, jusqu'à jugement définitif.

XIII. Toutes balles, ballots, caisses ou paquets de livres dont la saisie aura été déclarée valable, seront vendus au bureau où ils auront été déposés ; les livres prohibés, préalablement mis au pilon ; la vente en sera faite dans la forme prescrite, article I.er du titre X. Les contrefaçons qui pourraient s'y trouver en seront distraites pour servir à la poursuite du contrefacteur.

XIV. Les caractères, matrices et ustensiles d'imprimerie vendus après décès d'un imprimeur, ne pourront circuler en France, si les formalités prescrites par l'article XII du titre I.er du réglement des fondeurs, et celles indiquées par l'article V du titre X du présent Code, n'ont pas été remplies. En conséquence, il est défendu à tout voiturier par terre ou par eau, sous quelque dénomination que ce soit, de se charger du transport des caractères, matrices ou ustensiles d'imprimerie, si le ballot n'est étiqueté de ce qu'il contient, et si la permission du transport n'est jointe à la lettre de voiture, sous les peines portées article VII du présent titre.

XV. Les amendes et le produit des saisies ou confiscations, seront remis à notre Directoire, pour être versés à la caisse des auteurs.

TITRE IX.

De la visite ou réception des livres venant de France, ou de l'étranger.

ARTICLE PREMIER.

Les ballots, balles, caisses de librairie, ou malles ou paquets de livres, pourront être retirés à notre Directoire ou à nos Sous-directoires, dans tout l'Empire, les lundi, mercredi et vendredi de chaque semaine.

II. L'ouverture des balles, ballots, se fera, à Paris, en présence d'un administrateur, de deux libraires et d'un imprimeur de service au bureau, lesquels assisteront au procès-verbal des contraventions au présent Code, s'il s'en trouve. La forme à suivre par nos Sous-directoires, sera réglée incessamment.

III. Aucuns libraires ou imprimeurs ne pourront refuser, sans cause légitime, de se rendre au bureau, quand ils y seront appelés, sous peine de 50 francs d'amende. Ils seront chargés des ventes qui auront lieu pendant le mois de leur exercice.

IV. Il sera donné avis à chaque imprimeur ou libraire, ou particulier, du jour où l'on fera l'ouverture de ses ballots, malles, ou paquets; il y sera procédé tant en absence que présence (*).

V. Les libraires ou imprimeurs seront tenus, pour retirer leurs marchandises, de justifier de leurs factures, de la lettre de voiture, et de l'avertissement du bureau du départ, sous les peines portées au présent Code. Ils déchargeront le registre des

(*) Si le ballot ne pouvait être ouvert en l'absence de celui auquel il est adressé, on risquerait de ne pas avoir connaissance à temps utile ou d'un libelle ou d'une contrefaçon, etc.

visites, en retirant leur marchandise. Tout particulier déchargera également le registre.

VI. Les ballots de livres venant de l'étranger qui auront été plombés à nos Sous-directoires, ainsi qu'il est prescrit article X du titre VIII, et dont les plombs ne seront pas reconnus sains et entiers, seront saisis, et la vente en sera ordonnée dans le plus court délai, pour, les deniers en provenant, être employés par notre Diretoire, aux termes de l'article LI du titre Ier.

VII. Tous livres envoyés par un particulier sans qualité, dont une quantité en feuilles ou doubles annoncerait qu'il fait le commerce, seront saisis, et le produit de la vente versé ainsi qu'il est dit dans l'article précédent.

VIII. Les livres qui n'auront pas été retirés dans les trois mois de leur dépôt, seront vendus, pour les deniers être employés à la même destination.

TITRE X.

Des ventes de livres, formant fonds ou assortiment de librairie, et des ventes d'imprimerie en totalité ou par partie, soit volontaires, soit forcées, ou après décès.

ARTICLE PREMIER. (1)

Toutes ventes de livres, formant fonds ou assortiment de librairie, ainsi que celle de marchandises et ustensiles saisis, seront faites au plus offrant et dernier enchérisseur, dans une des salles du Directoire ou Sous-directoire, affiches préalablement apposées.

---

(1) AUTORITÉ. Réglement du 28 février 1723, article 121.

II. (1) Les ventes volontaires faites entre les libraires dont il est parlé, article XXXVI du titre I.er, celles après décès de libraire ou d'imprimeur, pour la partie des livres de fonds ou les ustensiles d'imprimerie et qui se feront à l'enchère, auront lieu de la même manière, soit que ces parties soient vendues en bloc ou par portion. Il en sera de même pour les ventes de propriété, ou de portion de propriété à l'enchère; mais toujours par le ministère d'un commissaire-priseur (*).

III. Au décès de chaque imprimeur ou libraire, ses héritiers ou ayans cause, ou celui qui aura fait la prisée, sont tenus solidairement, sous peine de 300 francs d'amende, d'envoyer au bureau l'état des livres de fonds et des caractères et ustensiles d'imprimerie.

IV. (2) Les presses et caractères ne pourront être vendus à l'enchère qu'à un imprimeur; celui qui vendrait une partie de presses ou de caractères à l'amiable, n'en pourra traiter également qu'avec un imprimeur. Il sera tenu d'en faire sa déclaration au bureau de son arrondissement, avant la livraison, sous peine de 3,000 francs d'amende; confiscation de l'imprimerie entière et des marchandises en magasin, et déchu de sa qualité.

V. Celui qui acquerra à l'amiable, ainsi qu'il est dit dans l'article ci-dessus, est tenu de déclarer à notre Directoire ou à nos Sous-directoires, le lieu où il veut faire transporter les choses acquises; il en obtiendra la permission du transport, soit pour Paris, soit pour la province, en se conformant à l'article XIV

---

(1) Autorité. Réglement du 28 février 1723, article 122.

(*) Il est nécessaire de savoir en quelles mains passent les propriétés littéraires, afin de pouvoir avertir ceux qui en jouissent, lorsqu'on saisit une contrefaçon.

(2) Autorités. Ordonnance de police du 17 mars 1663; ordonnance du châtelet du 25 juin 1670; édit du mois d'août 1686, articles 19 et 69; réglement du 28 février 1723, article 122.

du titre VIII, il sera tenu de justifier, dans le délai qui lui sera prescrit par la permission, d'un certificat du Directoire ou Sous-directoire de son arrondissement, qui constate que les ustensiles sont rendus à leur destination. Il en sera de même pour toutes les acquisitions d'ustensiles d'imprimerie à l'enchère ou à l'amiable; le tout sous les mêmes peines que dessus.

VI. Tout imprimeur qui vendrait des caractères ou des presses, en faisant une fausse déclaration, sera puni de la peine du faux, condamné en l'amende de 10,000 francs, et ses biens confisqués.

VII. Défendons à tous particuliers, même à ceux revêtus de la qualité d'imprimeur ou libraire, d'ouvrir aucune salle de vente pour mettre à l'enchère des livres, soit en feuilles, brochés ou reliés, sous peine de 1,500 francs d'amende par corps, et confiscation des marchandises. Les bibliothèques des particuliers après le décès desquels la vente ne pourrait avoir lieu dans leur domicile, seront faites à la salle du Directoire.

TITRE XI.

Des journaux, almanachs et autres ouvrages périodiques.

ARTICLE PREMIER.

Tous les journaux, almanachs ou autres ouvrages périodiques, sont soumis, chaque année, à la déclaration prescrite par l'article XVII du titre Ier. Ils sont également soumis au droit de mutation, chaque fois qu'ils changeront de propriétaire, ou qu'ils s'en associeront un nouveau.

II. Il sera prélevé, chaque année, sur chaque journal, papier-nouvelle, paraissant tous les jours, le dixième de son bénéfice : ce dixième, payable tous les mois, sera versé dans la caisse des pensions des gens de lettres.

III. Les journaux des sciences et des arts ne sont sujets qu'au prélèvement du vingtième.

IV. Tout journal dont l'auteur ou l'imprimeur n'aura pas fait, dans la huitaine de la publication du présent, la déclaration prescrite par l'article I.er, sera suspendu jusqu'à ce qu'il y ait satisfait.

TITRE XII.

Des ouvrages de littérature tombés dans le commerce, en vertu des lois de 1777 et 1793.

ARTICLE PREMIER.

Tout imprimeur ou libraire qui a établi une ou plusieurs éditions d'un ouvrage, en vertu des lois de 1777 et 1793, est tenu de déclarer sous trois jours, pour tout délai, à notre Directoire ou au Sous-directoire de son département, le nombre d'exemplaires qui lui en reste, sous peine de 300 francs d'amende, et de saisie comme contrefaçon.

II. Ces exemplaires seront de suite estampillés, sous la signature de chaque feuille. Tout ouvrage énoncé dans l'article ci-dessus, qui se trouvera dans le commerce, sans avoir été soumis à la formalité prescrite par l'article I.er, sera saisi comme il est dit ci-dessus, et le libraire, débitant, ainsi que le fabricant, condamnés, en outre, à 300 francs d'amende.

III. Sont exemptes de la formalité de l'estampille, les éditions faites par les premiers propriétaires, et qui ne seraient pas encore écoulées.

IV. Celui qui mettrait dans le commerce une estampille reconnue contrefaite, sera puni de la peine du faux.

V. Les éditions estampillées, une fois écoulées, la propriété de ces ouvrages rentre, sans partage, aux héritiers des auteurs ou à leurs cessionnaires ou ayans cause, auxquels seuls appartient le droit de faire mettre ou mettre sous presse, en se conformant à l'article XVII du titre I.er

VI. Tout ouvrage de littérature, sciences et arts, tombé en commun dans le commerce de la librairie, par les lois de 1777 et de 1793, et dont la propriété ne sera pas réclamée, en vertu de titre authentique, sous trois mois, à dater de ce jour, deviendra la propriété du Gouvernement.

VII. Pour rentrer dans sa propriété, tout héritier ascendant ou descendant d'un auteur, tout imprimeur ou libraire cessionnaire, son ascendant ou descendant, à ce degré seulement, ou tout légataire, est tenu de faire sa réclamation à notre Directoire ou à nos Sous-directoires, dans les trois mois qui suivront la publication du présent, sinon la propriété sera échue au Gouvernement.

VIII. Le produit des ouvrages dont la propriété sera échue au Gouvernement, appartiendra à la caisse des auteurs.

IX. Tous libraires ou imprimeurs cessionnaires ou leurs héritiers, ascendans ou descendans ainsi que ceux des auteurs ou les légataires propriétaires des ouvrages tombés en commun, sont libres de mettre sous presse, sans être assujettis à l'estampille, en se conformant toutefois à l'article XVII du titre I.er, relativement à cette mutation.

X. Il sera envoyé, chaque année, à tous les libraires et imprimeurs des départemens, une notice des ouvrages échus au

Gouvernement, avec l'indication du jour de l'adjudication. Les enchères seront reçues dans tous nos Directoire et Sous-directoires.

XI. La permission d'imprimer ne sera donnée qu'à un seul imprimeur ou libraire, pour dix, quinze ou vingt ans, suivant la nature des avances que l'ouvrage comportera, et il sera libre de la renouveller à leur expiration.

TITRE XIII.

Du décès d'un Imprimeur ou d'un Libraire sans héritiers.

ARTICLE PREMIER.

LORSQU'UN imprimeur ou sa veuve décédera sans héritiers, notre Directoire ou Sous-directoire fera finir les labeurs en train, sous son inspection particulière : ces labeurs finis, les vis des presses y seront déposées, et l'inventaire et la vente seront poursuivis à sa diligence.

II. Au décès d'un libraire ou de la veuve d'un libraire sans héritiers, le bureau fera mettre les scellés sur ses magasins, et en poursuivra la vente dans le plus court délai.

III. Les deniers provenans de la vente des magasins d'un imprimeur ou d'un libraire décédé sans héritiers, seront versés, les frais prélevés, à la caisse des secours des pauvres brévetaires.

TITRE XIV.

Des Marchands d'encre et ustensiles d'imprimerie, des Serruriers, Mécaniciens, Menuisiers en presse.

ARTICLE PREMIER.

Les marchands d'encre et d'ustensiles d'imprimerie, sont tenus de faire, dans la huitaine de la publication du présent réglement, leur déclaration à notre Directoire, ou à nos Sous-directoires, du commerce qu'ils entendent continuer.

II. Il sera statué sur leurs commerces, d'après leurs déclarations.

III. Ils ne pourront, dans aucun cas, vendre aucuns caractères en fontes, sous peine de 300 francs d'amende, et par corps.

IV. Les serruriers, mécaniciens, menuisiers en presses, ne pourront établir aucunes vis, presses, bancs, ou rangs, qu'ils n'en fassent la déclaration à notre Directoire, ou à nos Sous-directoires, en indiquant celui qui les aura commandés, sous peine de 600 francs d'amende, par corps, et confiscation de l'ouvrage.

TITRE XV.

Des Colporteurs, Porte-balles, etc.

ARTICLE PREMIER (1).

NUL ne sera admis à colporter, qu'il ne sache lire et écrire.

II. (2) Il y a deux sortes de colporteurs, le crieur et le stationnaire. Les colporteurs-crieurs sont fixés à 120. Le nombre des stationnaires sera fixé par nos Préfets de police.

III. (3) Celui qui voudra être admis au nombre des colporteurs-crieurs ou stationnaires, présentera à notre Directoire ou à nos Sous-directoires, un certificat de mœurs, et autant que faire se pourra, une attestation de deux imprimeurs ou libraires, qu'il est hors d'état de travailler. Il lui sera remis une plaque numérotée, portant d'un côté, colporteur et crieur public, ou stationnaire, et pour légende : Direct. des Sc. et des Arts; au côté principal, un aigle, avec cette légende : Du règne de NAPOLÉON, Restaurateur des sciences et des arts.

IV. (4) Les permissions de colporteurs-crieurs, ou celles de colporteurs-stationnaires, seront données, sur l'avis de notre Directoire, par nos Préfets de Police, de préférence aux anciens compagnons imprimeurs, garçons libraires, ou autres métiers

(1) AUTORITÉS. Arrêt du Conseil du 13 septembre 1722, article 1.er; réglement du 28 février 1723, article 69.

(2) AUTORITÉS. Arrêt du conseil du 13 septembre 1722; ordonnance du roi du 29 octobre 1732.

(3) AUTORITÉS. Réglement de 1618, article 28; réglement de 1649, articles 33 et 34; ils exigent le certificat de quatre maîtres. Arrêt du conseil du 13 septembre 1722, article 1er.

(4) AUTORITÉ. Réglement de 1618, article 27.

relatifs à l'imprimerie ou à la librairie, qui auront été brévetés, et qui seront reconnus hors d'état de pouvoir travailler, ou à leurs veuves. Les crieurs auront le droit de vendre et crier seuls dans les rues toutes les lois, décrets, réglemens, jugemens, arrêts, billets de loterie, almanachs, syllabaires, et tous autres papiers particuliers, pourvu que ces derniers n'excèdent pas trois feuilles d'impression (1), et qu'ils portent le nom d'un imprimeur ou d'un libraire de Paris. Les colporteurs stationnaires pourront également vendre de ces papiers, comme les crieurs, aux places qui leur seront indiquées par les autorités compétentes, pour y débiter de vieux livres, pourvu que l'ouvrage n'excède pas trois volumes, de vieilles gravures, cartes de géographie ou images. Le prix de la permission du stationnaire, sera réglé par nos Préfets de Police.

V. (2) Tout contrevenant au précédent article, sera interdit, puni de la confiscation de ses marchandises, et d'un mois de détention.

VI. (3) Les colporteurs ne pourront nommer aucuns chefs ni officiers entre eux.

VII. Défenses sont faites à tous colporteurs, de tromper la crédulité publique, en criant autre chose que ce que les papiers annoncent, sous peine d'interdiction, et de prison s'il y a lieu.

VIII. (4) Les colporteurs sont tenus d'avoir leur plaque à la

(1) AUTORITÉS. Arrêt du conseil du 2 octobre 1643, sous peine *d'être poursuivis extraordinairement.* Réglement de 1649, article 33; édit du mois d'août 1686, article 47; arrêt du conseil du 13 décembre 1722, article 4; il porte *sous peine de prison et de punition corporelle.* Réglement du 28 février 1723, articles 70 et 72.

(2) AUTORITÉS. Arrêt du conseil du 13 septembre 1722, article 4; il porte *la confiscation, la prison, et punition corporelle.*

(3) AUTORITÉ. Sentence du bailliage du palais, du 22 août 1703.

(4) AUTORITÉS. Edit du mois d'août 1646, article 48; arrêt du conseil du 13 septembre 1722, article 1.er; il porte *interdiction pour la première fois.*

boutonnière de leur habit, lorsqu'ils crient, sous peine de huit jours de détention, pour la première fois, et d'interdiction pour la seconde.

IX. Les colporteurs qui stationneront, sont tenus de mettre à un endroit apparent de leur étalage, leur nom et le numéro de leur plaque qu'ils porteront sur eux. Ils ne pourront vendre aucuns livres en feuilles, ni de reliure neuve, ou brochure qui ne soit coupée, le tout sous peine de saisie et d'interdiction pendant trois mois, pour la première fois, et à perpétuité, en cas de récidive.

X. (1) Il est défendu à tout colporteur-crieur ou stationnaire de vendre aucuns livres prohibés par leur nature, soit contre l'état, la religion et les mœurs, sous peine de confiscation, d'interdiction, d'un an de détention, et de plus grande peine s'il y échet.

XI. Tout colporteur qui prêterait sa plaque, et celui qui s'en serait servi, seront condamnés à la même peine portée par l'article précédent.

XII. (2) Quiconque colportera, soit dans les rues, cafés, lieux et endroits publics, sans en avoir obtenu la permission, ou être muni de la plaque, encourra la confiscation de sa marchandise, et six mois de détention; et s'il est reconnu avoir colporté des livres défendus, il sera puni, ainsi qu'il est dit art. X.

---

(1) AUTORITÉ. Ordonnance de police du 16 avril 1740; elle porte *sous peine d'interdiction, 50 francs d'amende et prison.*

(2) AUTORITÉS. Réglement de 1640, article 34; arrêt du parlement du 17 janvier 1645; il porte *sous peine de punition corporelle.* Arrêt du 16 juillet 1663; *sous peine de punition corporelle.* Ordonnance de police du 22 août 1670; *sous peine de punition corporelle.* Edit du mois d'août 1686, article 49; *sous peine de prison.* Arrêt du conseil du 13 septembre 1722, article 7; à *peine de prison et de punition corporelle.*

XIII. (1) Il est défendu à tout colporteur de tenir boutiques, d'avoir des magasins, de faire des apprentis, de faire imprimer, sous peine d'interdiction, de six mois de détention, et de confiscation des marchandises ou impressions.

XIV. (2) Chaque fois qu'un colporteur déménagera, il est tenu de faire à notre Directoire, ainsi qu'au Commissaire de Police de son arrondissement, la déclaration de son nouveau domicile, auquel il mettra toujours un tableau indicatif de son métier; le tout à peine d'interdiction, et de 50 francs d'amende par corps.

XV. Tout individu faisant le métier de colporteur, est tenu de se faire inscrire, dans le mois de la publication du présent, au bureau de notre Directoire, et d'y déclarer son domicile avant de recevoir sa plaque, sous les peines portées article XII.

XVI. (3) Les colporteurs-stationnaires ne pourront acheter de vieux livres, vieux papiers ou parchemins, des écoliers, enfans, domestiques, garçons de magasins, ou personnes inconnues. Ils sont tenus d'avoir un livre pour enregistrer les achats qu'ils feront chez les domiciliés, sous peine de 100 fr. d'amende, et d'interdiction pour trois mois, même d'être jugés comme recéleurs.

---

(1) Autorités. Réglement de 1618, article 26; édit de 1649, art. 32; édit du mois d'août 1686, article 48; arrêt du conseil du 13 septembre 1722, article 6; il porte *sous peine de prison et de punition exemplaire*. Réglement du 28 février 1723, article 73.

(2) Autorités. Arrêt du conseil du 13 septembre 1722, article 1.er; réglement du 28 février 1723, article 70.

(3) Autorités. Rendues particulièrement contre les libraires. Arrêt du 27 juin 1577; sentence du 19 août 1684; édit du mois d'août 1686, article 12; sentence du 14 mars 1704; elle porte *300 francs d'amende, et clôture de boutique pendant trois mois*. Ordonnance de police du 31 octobre 1725; *sous peine de 1000 francs d'amende, interdiction et punition exemplaire*.

XVII. (1) Défenses sont faites à tous colporteurs, porte-balles, imagers ou autres se disant merciers, qui courent la campagne, de colporter, vendre aucuns livres, de quelque nature qu'ils soient, autres que ce qui leur est permis par l'article IV, sous peine de trois mois de détention, confiscation des marchandises, même autres que celles de librairie, et du double, en cas de récidive; ordonnons à nos Préfets, Sous-préfets, Maires des départemens, de tenir la main à l'exécution du présent article.

XVIII. Le présent titre sera imprimé en tête de la permission des colporteurs et de celle des porte-balles.

TITRE XVI.

Des Afficheurs.

ARTICLE PREMIER (2).

NUL ne pourra obtenir une commission d'afficheur, qu'il ne sache lire et écrire, n'ait fait apprentissage, et servi comme compagnon.

---

(1) AUTORITÉS. Déclaration du 27 juin 1551; arrêt du Parlement du 18 avril 1560; *il porte la peine du fouet.* Edit du 21 août 1586, article 16; *il porte sous peine de punition corporelle.* Règlement du 28 février 1723, article 5.

Ces gens colportent impudemment des livres contre l'état, la religion et les mœurs. Ils empoisonnent de contrefaçons les endroits où ils passent, et des instituteurs, ou ignorans ou trompés, achètent à vil prix des livres élémentaires pleins de fautes, avec lesquels ils prétendent former l'éducation.

Les portes-balles vendent dans les campagnes l'abrégé de l'Homond, 12 centimes la pièce, qui vaut 60 centimes à Paris.

(2) AUTORITÉ. Arrêt du conseil du 13 septembre 1722, article 1.er

II. Pour y parvenir, on se présentera à notre Directoire, muni d'un certificat de mœurs, signé par deux libraires ou imprimeurs. Aussitôt après l'admission de l'afficheur, il lui sera délivré, avec sa commission, une plaque en cuivre, numérotée, portant ces mots : *Afficheur public.* Cette plaque sera, du reste, conforme à celle des colporteurs.

III. La commission d'afficheur coûtera 800 francs; le nombre en est fixé à 40. Nous exemptons tous ceux qui exercent avant et depuis 1789, du temps de l'apprentissage et de celui du compagnonage, à la charge d'en prendre les brevets à notre Directoire.

IV. (1) Tout afficheur est tenu de porter sa plaque à la boutonnière de son habit, lorsqu'il affichera, sous peine de 50 fr. d'amende, et d'interdiction pour trois mois.

V. (2) Aucun afficheur ne pourra poser un placard dans les rues, que sur le vu du Préfet de Police, dans les bureaux duquel il en déposera un exemplaire signé de lui, sous peine de 50 francs d'amende, et d'interdiction. N'entendons comprendre dans la présente disposition, les lois, jugemens, arrêts et réglemens dont la publication a été ordonnée, ainsi que les affiches de spectacles.

VI. (3) Il est défendu à toute personne qui n'a pas obtenu la commission d'afficheur de notre Directoire, de poser aucun placard ou affiche, manuscrits ou imprimés, dans les rues de

---

(1) Autorités. Arrêt du conseil du 13 septembre 1722; ordonnance du roi du 29 octobre 1732.

(2) Autorités. Arrêt du conseil du 13 septembre 1722, article 1.er; sentence du 20 avril 1725; *elle porte sous peine d'amende.*

(3) Autorité. Arrêt du conseil du 13 septembre 1722, article 7; *il porte prison et punition corporelle.*

Paris, ou ailleurs, sous peine de 300 francs d'amende, et de six mois de détention.

VII. (1) Tout afficheur qui prêterait sa plaque, sera interdit à perpétuité, et condamné, en outre, à 300 francs d'amende et à six mois de détention; pareille peine sera prononcée contre celui qui aurait porté la plaque prêtée.

VIII. Celui qui aura obtenu une commission d'afficheur, déclarera son domicile au bureau de notre Directoire; chaque fois qu'il en changera, il est tenu à pareille déclaration au Commissaire de Police de son arrondissement, sous peine de 50 fr. d'amende.

IX. Les afficheurs ne pourront nommer ni chefs ni officiers entre eux.

X. Les afficheurs sont tenus d'avoir à leur porte un tableau indicatif de leur métier, sous peine de 50 francs d'amende.

XI. Il leur est défendu de prendre les apprentis ou compagnons les uns des autres, s'ils n'ont un billet qu'ils sont libres, sous peine de 100 francs d'amende; et de couvrir réciproquement leurs affiches et celles des lois, jugemens et arrêts, avant le délai qui y est fixé, sous pareille peine, dont ils sont responsables pour leurs apprentis ou compagnons.

XII. Tout afficheur qui sera reconnu pour avoir abusé de la confiance particulière, en n'employant pas le nombre des affiches dont il aura été chargé, sera condamné à 100 francs d'amende envers celui qu'il aura trompé, et interdit à perpétuité.

XIII. Le présent réglement sera relaté en tête de la commission accordée à chaque afficheur.

---

(1) Autorité. Ordonnance de police du 16 avril 1740.

TITRE XVII.

Des Apprentis et Compagnons Afficheurs.

ARTICLE PREMIER.

L'APPRENTISSAGE d'afficheur est fixé à une année. Le brevet coûtera 30 francs; il sera pris à notre Directoire.

II. Il sera délivré à l'apprenti une plaque portant ces mots : *Apprenti afficheur*. Il sera tenu de la porter, en tout temps, à sa boutonnière.

III. L'apprenti qui quittera son maître sans motifs légitimes, sera tenu de faire le double du temps, pour la première fois, et déchu pour la seconde.

IV. L'année de l'apprentissage expiré, l'apprenti sera reçu compagnon sur un certificat de son maître, expédié au bas de son brevet, et qu'il a bien rempli ses devoirs. Le brevet de compagnon est fixé à 30 francs.

V. Il sera délivré une plaque au compagnon, en même temps que son brevet. Elle portera : *Compagnon afficheur*.

VI. Après les six mois de son compagnonage, il fera viser son brevet à notre Directoire, sur l'attestation du maître qu'il aura servi; et il pourra être commissionné s'il y a lieu.

VII. Copie du présent titre sera donnée à l'apprenti et au compagnon en tête de leur brevet.

Entendons que le présent Code soit exécuté selon sa forme et teneur, dérogeant à toutes lois antérieures, etc.

Le Grand-Juge, Ministre de la Justice, les Ministres de l'Intérieur et de la Police générale, sont chargés, chacun en ce qui les concerne, de l'exécution du présent.

APPERÇU

SUR

LA RELIURE, LA DORURE DE LIVRES, etc.

Les relieurs et doreurs de livres faisaient anciennement partie de la communauté des libraires; ils en ont été séparés en 1686.

En 1750, on leur donna un nouveau réglement en LI articles, dont d'Aguesseau s'était occupé avant sa démission.

A cette époque, la dorure, la brochure, comprises dans la reliure, ne paraissaient pas en faire, comme aujourd'hui, un état séparé. Il est très-peu de relieurs maintenant qui fassent la brochure, et cette partie, qui paraît particulièrement abandonnée aux femmes, n'en est pas moins susceptible d'être organisée. J'en fais un réglement séparé de celui des relieurs, sans cependant ôter la faculté à ceux-ci de s'en occuper.

La dorure sur tranche est encore exercée par un très-petit nombre de relieurs, tandis que la dorure sur plat l'est par tous; mais comme les doreurs sur tranche ont la qualité de relieurs, et qu'ils peuvent l'exercer, ils n'en sont point séparés dans le réglement que je propose. J'y ai joint les satineurs et restaurateurs de livres, dont l'origine est due au XVIII.me siècle, depuis le réglement des relieurs. Le luxe que l'on met aujourd'hui à l'établissement ou à la restauration de certaines éditions, classe nécessairement ces nouveaux états avec les relieurs, puisque leur travail, ainsi que celui des relieurs, ne peut s'opérer qu'après l'édition finie d'un ouvrage.

PROJET DE RÉGLEMENT

DES RELIEURS, DOREURS, SATINEURS ET RESTAURATEURS DE LIVRES.

TITRE PREMIER.

Des Relieurs et Doreurs de livres sur tranche ou sur plat, en général.

ARTICLE PREMIER (1).

PERSONNE ne peut exercer le métier de relieur et doreur, satineur ou restaurateur de livres, s'il n'a fait apprentissage, et s'il n'a l'âge de vingt-un ans accomplis.

II. Nous exemptons tous ceux qui les exercent depuis 1789, soit ensemble, soit séparément, du temps de l'apprentissage et de celui du compagnonage, à la charge d'en prendre les brevets à notre Directoire. Ceux qui négligeraient de retirer leurs brevets, dans le mois de la publication du présent, sont déchus de cette faveur.

III. Le brevet de capacité ne pourra être obtenu qu'en justifiant des brevets d'apprentissage et de compagnonage, et après chef d'œuvre; le brevet de capacité coûtera 1200 francs pour Paris; il sera fixé, pour nos départemens, d'après la population. Celui qui l'aura obtenu, pourra exercer le métier de

(1) AUTORITÉ. Réglement de 1750, art. 20.

relieur, brocheur, doreur, satineur et restaurateur de livres, dans telle ville de notre Empire où il jugera à-propos de se fixer.

IV. (1) Dans le métier de relieur, est compris celui de doreur sur plat, sur tranche ou sur cuir, soit qu'on les exerce ensemble ou séparément. Il consiste à établir la reliure de toutes sortes de livres, manuscrits ou imprimés, et registres, à nerfs ou autrement, etc.

V. Les relieurs, doreurs sur plat, sur tranche, sur cuir, établis avant 1789, sont exempts de la formalité prescrite par l'article III, pour l'apprentissage et le compagnonage; mais ils sont tenus d'échanger leur ancien brevet pour obtenir celui de capacité.

VI. Aucun relieur, doreur ou autre, ne pourra ouvrir attelier, qu'il n'ait prêté serment devant notre Directeur-général, de bien et fidèlement observer les réglemens.

VII. (2) Les relieurs sont tenus de rendre les livres parfaits, de les coudre au plus à deux cahiers pleins et non sautés, et de ne faire aucuns mauvais ouvrages, désignés sous le nom de *camelote* à faux nerfs ou autrement; mais d'endosser les livres en parchemin double ou croisé, et de les tranche-filer doubles en fil et non en comète. En cas de contravention au présent article, lesdits livres resteront à la charge des relieurs ou doreurs, qui seront tenus, ou de rembourser le blanc à celui qui les aura mis en œuvre, ou du dommage causé à un manuscrit ou à un livre rare, à dire d'experts, et condamnés, en outre, à 50 francs d'amende par chaque volume mal façonné ou gâté.

Ils sont tenus de rendre bien exactement les défaits, lorsqu'il s'en trouve.

VIII. Aucuns relieurs, doreurs ou autres, dont il est question

---

(1) Autorité. Réglement de 1750, article 2.

(2) Autorité. *Ibid.* article 30.

dans le présent titre, ne pourront recevoir et faire un apprenti, si celui-ci n'est muni d'un brevet obtenu à notre Directoire. Ils ne pourront en augmenter le nombre que quand un apprenti aura fait deux ans de son temps.

IX. Il est défendu à tous relieurs, doreurs sus-désignés de recevoir un apprenti qui n'aurait pas fini son temps chez son premier maître, sous peine de 300 francs d'amende.

X. (1) Ils ne pourront prendre aucuns ouvriers, que ceux-ci ne leur représentent un certificat du brévetaire qu'ils quittent, qui constate qu'ils ont rempli l'article VII du titre III, sous peine de 300 fr. d'amende, et 3 francs par jour au profit du brévetaire que l'ouvrier aura quitté, et d'interdiction, en cas de récidive.

XI. Aucun brévetaire ne pourra renvoyer un ouvrier, qu'il ne l'ait averti quinze jours d'avance, si ce n'est pour désobéissance, débauche ou mutinerie.

XII. Ils sont tenus de faire leur déclaration à notre Directoire, quand un apprenti les quittera avant d'avoir fini son temps.

XIII. (2) Ils sont également tenus d'avertir quand un compagnon ou ouvrier les quittera, sans avoir rempli les conditions portées article VII du titre III, sous peine d'être privé du dédommagement que leur accorde l'article X du présent titre.

XIV. (3) Il est défendu à tout relieur, doreur ou autres, de plier, brocher, relier, dorer aucuns livres, s'ils ne portent le nom d'un imprimeur et d'un libraire de Paris, ou qui peuvent être contrefaits, ou libelles diffamatoires, ou autres ouvrages contre l'état, la religion et les mœurs, sous peine de confiscation, 3,000 francs d'amende par corps, solidaire avec celui qui l'aura mis en œuvre, et interdiction pour un an. En cas de récidive, il sera interdit à perpétuité.

---

(1) Autorité. Réglement de 1750, article 19.

(2) Autorité. *Ibid.* art. 10.

(3) Autorité. *Ibid.* articles 29 et 31.

XV. Tout relieur, doreur ou autres, dénommés au présent titre, qui recevraient en dépôt des livres défendus, contrefaçons ou autres, désignés dans l'article précédent, seront condamnés en l'amende de 6,000 francs, confiscation des marchandises et interdiction.

XVI. (1) Les relieurs, doreurs et autres sont sujets, en tous temps, à des visites, soit pour constater la malfaçon de l'ouvrage, soit pour tout autre objet.

XVII. Ils ne peuvent avoir d'attelier ailleurs que dans le lieu de leur habitation, sous peine de 600 francs d'amende par corps, confiscation des outils et marchandises, et interdiction pendant six mois, pour la première fois; et en cas de récidive, à perpétuité.

XVIII. Ils sont tenus d'avoir un tableau apparent de leur métier sur la porte de leur maison, sous pareille peine.

XIX. Il sera distribué, tous les cinq ans, une médaille d'or au relieur qui sera reconnu avoir fait la meilleure et la plus solide reliure, ou avoir perfectionné son état.

TITRE II.

Des Apprentis Relieurs et Doreurs sur plat ou sur tranche, Satineurs ou Restaurateurs de livres.

ARTICLE PREMIER (2).

NUL ne pourra être reçu apprenti relieur et doreur, satineur et restaurateur de livres, avant l'âge de douze ans, et s'il ne sait lire et écrire.

---

(1) AUTORITÉ. Réglement de 1750, articles 40 et 42.

(2) AUTORITÉ. Réglement de 1750, article 5.

II. Tout apprenti relieur, doreur, satineur et restaurateur de livres, est aspirant à l'exercice de la réunion de ces métiers.

III. L'apprenti sera reçu à notre Directoire, sur un certificat de mœurs, signé par deux imprimeurs ou libraires, ou relieurs; son brevet lui sera expédié aussitôt après l'examen. Il coûtera 60 francs; mais le temps de l'apprentissage ne commencera à courir que du jour où l'acte de convention sera passé devant notaire, entre lui et son maître; extrait du brevet sera relaté en tête de l'acte notarié.

IV. Le temps de l'apprentissage est de quatre années entières et consécutives.

V. Tous ceux qui sont entrés en apprentissage depuis 1789, ou qui n'ont pas été brévetés auparavant, sont tenus de se présenter à notre Directoire, dans le délai d'un mois, à compter du jour de la publication du présent, avec un certificat d'un relieur brévetaire chez lequel ils auront appris, afin d'y obtenir le brevet de dispense du temps que nous leur avons accordé, titre I.er, article II; faute de quoi ils ne pourront prétendre à l'obtention du brevet de compagnonage, et sont déchus de leur apprentissage.

VI. Ceux qui se sont conformés aux réglemens, avant 1789, ne sont pas soumis aux articles ci-dessus; il leur suffira d'échanger leur brevet à notre Directoire.

VII. Aucun apprenti ne peut quitter son maître qu'il n'ait fini son apprentissage, sous peine, pour la première fois, de faire le double du temps de l'absence; et pour la seconde, d'être déchu de l'apprentissage.

VIII. Sera pareillement déchu de l'apprentissage, celui qui occasionnerait ou participerait au trouble causé pendant une visite chez son maître; il sera, de plus, puni de six mois de détention, comme coupable de rebellion à justice.

IX. Dans le cas où la maison d'un relieur, doreur, satineur ou restaurateur de livres serait fermée, ou par décès, ou par toute autre cause, avant que le temps de l'apprentissage soit expiré, il sera pourvu au placement de l'apprenti par notre Directoire.

X. L'apprentissage fini, l'apprenti retirera certificat de son maître au bas du brevet, qu'il a bien et fidèlement rempli ses devoirs, pendant tout le temps de son apprentissage.

XI. Il est enjoint à tout apprenti de porter honneur et respect à son maître.

XII. Copie du présent titre sera donné en tête du brevet d'apprentissage, à celui qui sera reçu apprenti.

TITRE III.

Des Compagnons Relieurs, Doreurs sur plat, sur cuir, ou sur tranche, Satineurs, ou Restaurateurs de livres.

ARTICLE PREMIER.

Tout apprenti qui a fini ses quatre années d'apprentissage, est compagnon, pourvu qu'il en obtienne le brevet au directoire.

II. Ce brevet ne pourra être obtenu que sur la présentation du brevet d'apprentissage, certifié par le maître, ainsi qu'il est dit article X du titre II. Le prix en est fixé à 30 fr.

III. Le temps du compagnonage est de trois années consécutives. Le compagnon est tenu, pendant ces trois années, de présenter tous les trois mois à notre Directoire, son brevet apostillé du brévetaire chez lequel il travaille, pour le faire viser; faute de remplir ces formalités, le compagnon ne pourra obtenir le brevet de capacité, à l'expiration de ses trois années de compagnonage.

IV. Les compagnons qui ont fait leur apprentissage depuis 1789, sont tenus de se présenter dans le délai d'un mois, à notre Directoire, munis du brevet d'apprentissage obtenu dans les formes prescrites par l'article V du titre II, et munis, de plus, du certificat d'un relieur brévetaire, qui constate qu'ils sont en état de travailler, pour y obtenir le brevet de dispense que nous leur avons accordé, titre I.er, article II; faute de quoi ils ne pourront obtenir le brevet de capacité pour exercer le métier de relieur.

V. Les compagnons sont tenus de se conformer aux ordres du brévetaire ou chef d'attelier qui le représente.

VI. Il leur est défendu de cabaler entre eux, soit pour entrer chez les maîtres, soit pour en sortir; de former aucune association, de quitter l'ouvrage sous quelque prétexte que ce soit, sous peine de 100 francs d'amende, et par corps, et de détention (1) qui ne pourra excéder deux ans, ni être moindre de six mois.

VII. Les compagnons ne pourront quitter leur brévetaire qu'après les avoir avertis quinze jours d'avance; aucun ne pourra s'embaucher chez un autre, qu'avec un certificat de celui qu'il aura quitté; et dans les départemens, il ne le pourra sans avoir fait légaliser la signature du brévetaire qu'il quittera, et viser le tout à notre Sous-directoire le plus prochain de cet endroit, s'il ne s'y en trouve pas.

VIII. Tout compagnon, ouvrier ou ouvrière qui participerait

(1) Autorité. Réglement du 10 janvier 1749.

au trouble causé pendant une visite chez son maître, sera puni, ainsi qu'il est dit article VI du présent titre. Les chefs le seront du double.

IX. Tous les dix ans il sera délivré gratuitement un brevet de brévetaire au compagnon qui sera reconnu avoir trouvé des moyens de perfection à l'état.

X. Le présent titre sera imprimé en tête du brevet de chaque compagnon.

TITRE IV.

Des Veuves et Filles de Relieurs, Doreurs sur plat, sur tranche, sur cuir, Satineurs, ou Restaurateurs de livres.

ARTICLE PREMIER.

Les veuves des brévetaires pourront continuer l'état de leur défunt mari, tant qu'elles ne se remarieront pas à quelqu'un d'étranger à leur métier. Elles feront finir aux apprentis le temps de leur apprentissage; mais elles ne pourront pas en faire de nouveau.

II. Les veuves susdites peuvent exercer la brochure, qu'elles restent en viduité ou non.

III. Les filles âgées au moins de seize ans, jouiront de l'avantage laissé aux veuves par l'article précédent.

TITRE V.

Du décès des Relieurs, Doreurs sur tranche, sur plat, ou sur cuir, Satineurs et Restaurateurs de livres.

ARTICLE PREMIER.

ARRIVANT le décès d'un brévetaire, ou d'une veuve sans enfans ni héritiers, les outils du métier seront transportés à notre Directoire, pour y être vendus.

II. Le montant de ces ventes, ainsi que celui des amendes ou confiscation, sera versé à une caisse établie pour le soulagement des pauvres maîtres, ou celui de leurs veuves ou enfans hors d'état de travailler.

PROJET DE RÉGLEMENT

POUR LES BROCHEURS ET BROCHEUSES, ASSEMBLEURS ET ASSEMBLEUSES, PLIEUSES OU COUSEUSES, etc.

TITRE PREMIER.

Des Brocheurs, Brocheuses, Assembleurs et Assembleuses, en général.

ARTICLE PREMIER.

Le métier de brocheur, brocheuse, assembleur ou assembleuse de livres, peut être exercé par un homme ou par une femme indistinctement. Il consiste à assembler, plier, coudre à la main, au cousoir, couvrir en papier, en carton couvert de papier, à coin de parchemin seulement, et non autrement.

II. Nul ne sera admis à exercer ce métier, s'il ne sait lire et écrire, s'il n'a fait apprentissage et travaillé chez les maîtres comme compagnon.

III. Nous dispensons ceux ou celles qui exercent actuellement ce métier, du temps de l'apprentissage et du compagnonage, à la charge de prendre sous un mois, à compter de la publication du présent, leurs brevets de dispense à notre Directoire ou à nos Sous-directoires. Ceux qui négligeront de remplir cette formalité, n'y seront plus admis passé ledit délai.

IV. Le brevet de capacité pour l'exercice de ce métier, ne pourra être obtenu que sur la présentation des brevets d'apprentissage et de compagnonage, et sur chef-d'œuvre fait par l'aspirant ou l'aspirante. Le prix du brevet est fixé à 300 fr.; on ne pourra l'obtenir avant l'âge de 18 ans.

V. Il est défendu à tout brocheur ou brocheuse, de couvrir aucun volume en parchemin, peau, cuir, maroquin uni, doré, et de quelque manière que ce soit, sous peine de 300 fr. d'amende, et par corps, confiscation des outils et marchandises, et fermeture de l'atelier à perpétuité.

VI. Il leur est également défendu, sous pareilles peines, d'assembler, plier et brocher aucuns livres sans nom d'imprimeur et de libraire de Paris, ou contrefaçons, libelles et autres, contre la religion, l'état et les mœurs.

VII. Tout brocheur ou brocheuse, assembleur ou assembleuse, qui recevrait en dépôt des ouvrages désignés dans l'article précédent, sera condamné à 1000 fr. d'amende et par corps, confiscation des marchandises et fermeture de son attelier à perpétuité.

VIII. Les brocheurs, brocheuses, assembleurs ou assembleuses, sont sujets, en tout temps, à des visites. Ils ne peuvent tenir attelier que dans le lieu de leur résidence, sous peine de 300 fr. d'amende et confiscation des marchandises.

IX. Les brocheurs, brocheuses et autres dont il est question au présent titre, ne pourront faire aucun apprenti, qu'il n'ait obtenu son brevet de notre Directoire, sous peine de 100 fr. d'amende.

X. Ils ne pourront également embaucher un apprenti qui

n'aurait pas fini son temps chez son maître d'apprentissage, sous peine de 200 fr. d'amende et de 2 fr. par jour, au profit du brévetaire qui aura été quitté.

XI. Ils ne pourront, sous pareille peine, embaucher un ouvrier, ou ouvrière, si ces derniers ne représentent un billet du brévetaire de chez lequel ils sortent.

XII. Aucuns brocheurs, brocheuses ou autres ne pourront renvoyer un compagnon, ouvrier ou ouvrière, qu'en l'avertissant huit jours d'avance.

XIII. Tous brocheurs ou brocheuses, assembleurs ou assembleuses, sont tenus de faire leur déclaration à notre Directoire, quand un apprenti les quittera avant d'avoir fini le temps de son apprentissage, sous peine de 50 fr. d'amende.

XIV. Ils auront chacun à leur porte un tableau apparent du métier qu'ils exercent, sous peine de 50 fr. d'amende pour la première fois, du double pour la seconde, et d'interdiction à perpétuité.

XV. Le présent réglement est commun dans ses différens titres, aux plieuses, couseuses et autres qui ne s'occupent que d'une partie de la brochure.

XVI. Les uns et les autres sont tenus, sous peine de 50 fr. d'amende, d'avertir, au bureau de notre Directoire, lorsqu'ils changeront de domicile.

TITRE II.

De l'apprentissage des Brocheurs, Brocheuses, Assembleurs, Assembleuses et autres.

ARTICLE PREMIER.

NUL ne pourra être reçu à l'apprentissage de brocheur, brocheuse, assembleur, assembleuse, ou autre partie de la brochure désignée au présent réglement, qu'il ne sache lire et écrire, et n'ait au moins douze ans accomplis.

II. Tout apprenti est aspirant à la maîtrise.

III. L'apprentissage est de deux années entières et consécutives.

IV. Ceux ou celles qui voudront entrer en apprentissage, présenteront à notre Directoire, un certificat de mœurs, signé de deux imprimeurs, ou libraires, ou relieurs, sans lequel ils ne pourront obtenir le brevet. Ce brevet coûtera 24 fr.

V. Sur le vu du brevet de notre Directoire, il sera passé acte pardevant notaire, entre le maître et l'apprenti, pour leur convention particulière. Le temps de l'apprentissage ne courra que du jour de la passation de cet acte, dans lequel le brevet de notre Directoire sera relaté.

VI. Dispensons ceux ou celles qui ont fait leur apprentissage depuis 1789, pour cette fois seulement, et sans tirer à conséquence, du temps de l'apprentissage, à la charge cependant d'en prendre sous un mois, à compter du jour de la publication du présent, le brevet à notre Directoire; passé lequel temps ils sont déchus de cette faveur. Ils ne pourront l'obtenir que sur le certificat d'un maître ou maîtresse chez lequel ils auront travaillé.

VII. A l'égard des apprentissages qui ne sont pas finis, il sera tenu compte du temps déja fait, sur le certificat qui en sera donné par le maître, et le brevet relatera le temps qui reste à finir.

VIII. Celui ou celle qui pendant le temps de son apprentissage s'absenterait de chez son maître ou sa maîtresse, sans cause légitime, sera tenu, pour la première fois, de faire le double du temps de son absence; et pour la seconde, déchu de son apprentissage.

IX. Tout apprenti de l'un ou l'autre sexe, qui occasionnerait ou participerait au trouble occasionné pendant une visite, sera puni de six mois de détention, et déchu de son apprentissage.

X. Le temps de l'apprentissage fini, l'apprenti retirera, au bas de son brevet, un certificat de son maître, comme il a bien et fidèlement rempli ses devoirs pendant ses deux années.

XI. Arrivant la fermeture de la maison par décès ou autrement, avant l'expiration du temps de l'apprenti, il sera pourvu par notre Directoire, à son placement chez un autre maître, pour lui faire finir son apprentissage.

XII. Il est enjoint aux apprentis de porter honneur et respect à leur maître ou maîtresse, et de se conformer à leur volonté.

XIII. La copie du présent titre sera transcrite au haut du brevet de chaque apprenti.

TITRE III.

Du compagnonage chez les Brocheurs, Brocheuses, ou autres dont il est question au présent Réglement.

ARTICLE PREMIER.

Le brevet de compagnonage s'obtiendra sur le vu du certificat d'apprentissage, posé au bas de ce brevet. Le prix en est fixé à 24 fr.

II. Le temps du compagnonage est fixé à une année.

III. Celui ou celle qui aura obtenu un brevet de compagnonage, est tenu de le faire viser tous les trois mois à notre Directoire, en présentant un certificat du brocheur ou de la brocheuse chez lequel il travaille, sous peine de nullité dudit brevet.

IV. Nous dispensons du temps de compagnonage, tous ceux ou celles qui ont fait leur temps depuis 1789, et qui le prouveront par certificat signé de trois maîtres; mais à la charge d'en prendre le brevet au bureau de notre Directoire, dans le mois de la publication du présent; passé lequel temps ils seront déchus de cette faveur.

V. Aucun compagnon, ouvrier ou ouvrière, ne pourra quitter son maître qu'après l'avoir averti huit jours d'avance, et en avoir retiré certificat, faute duquel il ne pourrait être reçu dans un autre attelier.

VI. Il leur est défendu de quitter l'ouvrage sous aucun prétexte; de former aucune cabale ou association, sous quelque dénomination que ce soit, sous peine de 50 fr. d'amende, et par corps.

VII. Tout compagnon, ouvrier ou ouvrière, qui occasionnerait ou participerait au trouble causé chez un maître pendant une visite, sera puni de six mois de détention ; s'il en est reconnu chef, la peine sera au moins d'un an.

VIII. Le présent titre sera délivré en tête du brevet de compagnonage.

APPERÇU

SUR

LA NATURE DES PROPRIÉTÉS DRAMATIQUES, ET LEUR PRODUIT.

En parlant des propriétés littéraires, relativement aux auteurs et au commerce de la librairie (*), je ne me suis point expliqué sur les propriétés dramatiques, parce que celles-ci ayant toujours été soumises à des lois particulières, j'ai dû suivre l'ordre de leur régime, afin de discuter plus méthodiquement les lois qui les concernent, d'en démontrer plus clairement l'insuffisance, et de prouver, ainsi que je l'ai déja dit (**), qu'il est indispensable de faire rentrer à leurs véritables sources toutes les propriétés littéraires.

Avant de m'occuper de ce tableau, j'esquisserai d'abord briévement celui des vices de leur organisation primitive. J'examinerai ensuite celle à laquelle elles ont été soumises depuis ce temps, et l'on verra qu'on n'a point atteint le but qu'on se proposait; que ce dernier mode paralyse les progrès de l'art, qu'il éteint le génie des auteurs dramatiques, et que l'équité réclame aujourd'hui en faveur des héritiers légataires ou cessionnaires des gens de lettres.

(*) Pages 19 et suivantes.
(**) Page 42.

Cela posé, il est incontestable que les propriétés dramatiques ne peuvent être considérées, quant au fond, autrement que des propriétés littéraires, et que cette partie, quoique relative au théâtre, ne pouvant s'écarter de ces bases, ces propriétés doivent faire partie du plan que je propose.

Par leurs anciens réglemens, les comédiens des grands théâtres étaient autorisés, sans qu'on en connaisse la cause, à disposer, comme de leur patrimoine, de la propriété dramatique des auteurs. Cet abus, une des principales sources de la dégradation de l'art dramatique, a existé en faveur des comédiens *dits italiens*, jusqu'en 1774, et jusqu'en 1791, en faveur des comédiens français.

Cette manière de s'approprier légalement le produit du génie des auteurs dramatiques, était connue au théâtre italien, sous le nom de *pièces nulles*; et au théâtre français, sous celui de *pièces tombées dans les règles*.

Ces dénominations, quoique différentes, signifiaient la même chose, c'est-à-dire, qu'une pièce qui était jouée deux fois de suite, ou trois fois dans différens temps, sans produire la recette fixée par le réglement (*), devenait la propriété incommutable des comédiens, et que les auteurs en étaient dépouillés à jamais.

Il paraît qu'en 1774, on commença à sentir l'iniquité de pareils réglemens. On essaya de les modifier, et on commença par les comédiens italiens. Les pièces nulles furent cependant toujours considérées comme telles pour les auteurs, mais seu-

(*) Cette somme était, au théâtre Français, de 2,300 livres pour les représentations d'hiver, et de 1,800 livres pour celles d'été. Au théâtre Italien, elle était portée à 1000 livres en hiver, et à 600 livres en été.

lement quand le produit de la représentation n'atteignait pas la recette indiquée , et toutes les fois qu'il l'excédait , en quelque temps que ce fût , les auteurs touchaient leur part. Leurs héritiers mêmes, dont on ne s'était jamais occupé dans les réglemens antérieurs , furent appelés par celui-ci à recevoir les honoraires des auteurs, jusqu'à la cinquantième représentation, lorsqu'ils décédaient avant que leurs pièces aient atteint ce nombre; mais dans le cas contraire, ils étaient inhumainement déchus de leur droit à cette portion de la succession.

Tout bizarre qu'était ce nouveau réglement , il produisit cependant un heureux changement. Les gens de lettres et les musiciens , attachés particulièrement à ce théâtre , assurés de n'être plus dépouillés pendant leur vie, quoiqu'en gémissant sur le sort de leurs veuves et de leurs enfans , donnèrent une nouvelle couleur à ce genre de spectacle ; son répertoire devint plus brillant ; et les recettes plus abondantes , laissaient du moins aux auteurs le faible , mais consolant espoir de trouver dans des économies , un adoucissement au sort de leurs héritiers , que la loi opprimait toujours.

Le Gouvernement ne vit point avec indifférence les progrès de l'art dramatique et ceux de l'art musical, sur un théâtre dont l'origine semblait le rendre étranger à une pareille distinction. Il sentit qu'en stimulant ces arts vers le genre noble , il pourrait leur donner tout l'essor dont ils étaient en effet susceptibles; le théâtre de l'opéra qui exige un caractère plus soutenu et des développemens plus sérieux , fut choisi , et bientôt le sublime de l'art musical éleva à son niveau l'art de la chorégraphie.

On dut la rapidité de ces nouveaux succès au nouveau réglement fait en 1776 pour ce théâtre. Ce réglement , outre les parts qu'il donnait dans le produit des représentations aux auteurs des poëmes et de la musique , leur assignait encore des pensions graduelles, suivant le nombre de pièces qui restaient au répertoire (*).

Une pareille attention, soutenue pendant plusieurs années, ne permettait pas de douter que les auteurs du théâtre français fixeraient à leur tour les regards du Gouvernement.

Mais les principes d'équité qui l'avaient dirigé jusqu'alors, furent tout-à-coup oubliés; et par une fatalité qu'on ne peut attribuer qu'au peu d'énergie de la puissance exécutive, l'arrêt du conseil de 1777, destructeur des propriétés littéraires, atteignit en même temps les propriétés dramatiques, qu'on avait si ouvertement protégées depuis 1774.

Cette révolution subite dans la république des lettres, dont il n'appartient qu'au burin de l'histoire de caractériser la cause, frappa d'étonnement tous les auteurs. Les uns voyaient les libraires devenir, à leur détriment, propriétaires des manuscrits de leurs ouvrages. Les autres, sur-tout ceux du théâtre français, y trouvaient le double désavantage de laisser en même temps à jamais aux comédiens, et au préjudice de leurs héritiers et de leurs cessionnaires, la jouissance du produit des représentations de leurs pièces.

Des réclamations sans nombre furent portées au pied du trône, jusqu'en 1780, mais infructueusement. Fatigués de ne pouvoir être accueillis, les auteurs dramatiques signèrent alors un accord avec les comédiens français, par lequel ils adhérèrent au réglement fatal qui faisait tomber leurs pièces *dans les règles*, à la condition cependant, que tant qu'elles auraient le bonheur d'éviter cet écueil, elles leurs produiraient un excé-

(1) L'arrêt du conseil du 30 mars 1776, article 19, accorde à chacun des auteurs, outre leurs honoraires à chaque représentation, une gratification de 500 livres quand la pièce passe sans interruption quarante représentations. L'art. 20 donne 1000 liv. de pension à chacun des auteurs qui ont fourni trois grands ouvrages qui restent au théâtre. Cette pension augmente de 500 livres pour chacun des deux ouvrages suivans, et de 1000 livres pour le sixième.

dant de part, pris sur le produit des loges louées à l'année, duquel, par un autre abus, ils avaient toujours été privés. Un arrêt du conseil, qui règle les parts d'auteur d'après ces bases, ratifia cet accord le 9 décembre suivant.

Tel fut le sort des auteurs du théâtre Français, jusqu'au 13 janvier 1791, qu'un décret abolit le réglement auquel ils avaient été forcés de souscrire en 1780. Mais ils n'en furent pas plus heureux. S'ils ne couraient plus le danger d'être dépouillés de leur vivant par les comédiens, ils eurent toujours la douleur de voir que ceux-ci deviendraient propriétaires de leurs ouvrages cinq ans après leur mort, au préjudice de leurs légitimes héritiers, et que cette spoliation ouverte s'étendait même jusqu'aux cessionnaires avec lesquels ils avaient traité de bonne-foi antérieurement à cette loi.

C'est ainsi que l'article V de la loi de 1791, s'exprime à leur égard :

Les héritiers ou les cessionnaires des auteurs seront propriétaires de leurs ouvrages durant l'espace de cinq années après la mort des auteurs.

A la vérité cet article ne dit pas en faveur de qui les héritiers ou cessionnaires sont dépouillés.

L'article II qui déclare que les ouvrages des auteurs morts depuis cinq ans, *sont une propriété publique*, ne le détermine pas plus.

Mais l'article III qui porte, entre autres dispositions : *Néanmoins les actes qui auraient été passés entre des comédiens et des auteurs vivans, ou des auteurs morts depuis moins de cinq ans, seront exécutés*, ne laisse aucun doute en faveur de qui elle dépouille les héritiers ou cessionnaires.

Cet article extrait, ainsi qu'on se le rappelle, de la loi de 1777, consomme comme elle la spoliation des héritiers, et paralyse, comme elle, la faculté de l'homme de lettres, dans la disposition du produit de son génie.

Il y a plus ; cette loi, comme toutes celles qui ont été rendues depuis 1791, relativement aux propriétés littéraires, a un effet rétroactif, puisqu'en déclarant, par l'article II, que *les ouvrages des auteurs morts depuis cinq ans, sont une propriété publique,* elle n'établit pas de distinction pour les ouvrages qui pouvaient avoir été vendus par les auteurs décédés avant cette époque. Ainsi la loi de 1791 consacre, comme la loi de 1777, des erreurs qui demandent une réforme.

Mais avant d'étendre ses réflexions, il est nécessaire d'examiner l'ensemble des lois relatives aux ouvrages dramatiques.

L'année suivante, (en 1792), une loi nouvelle prolongea de cinq années, la jouissance des héritiers et celle des cessionnaires, en étendant leurs droits jusqu'à dix ans. Mais cette loi, rendue le 30 août 1792, fut rapportée par celle du 1.er septembre 1793, laquelle remet en même temps en vigueur celle du 13 janvier 1791 ; c'est-à-dire, qu'elle réduit de nouveau la jouissance des héritiers et celle des cessionnaires à cinq ans.

Ainsi les auteurs morts depuis le 30 août 1792, jusqu'au premier septembre 1793, laissaient à leurs héritiers la jouissance de leurs propriétés littéraires pendant dix années, tandis que ceux qui sont morts avant et depuis cette époque, ne la leur laissaient que pendant cinq ans.

Il est à remarquer encore que la loi du premier septembre 1793, qui rapporte la loi de 1792, renvoie à-la-fois à celle du 13 janvier 1791, et à celle du 19 juillet 1793; que cette dernière, relative aux propriétés littéraires *en tout genre,* laisse aux héritiers et aux cessionnaires des gens de lettres, la jouissance de leurs droits successifs pendant dix ans ; et que celle du 13 janvier 1791, ne la leur laisse que pendant cinq ans.

Ainsi la loi de 1791, qui laisse en même temps à des héritiers ou cessionnaires, une jouissance pendant cinq ans et pendant dix ans, caractérise elle-même, par ses contradictions, l'impossibilité de son exécution.

M'objectera-t-on que la jouissance donnée aux héritiers pendant cinq ans, par la loi du 13 janvier 1791, ne concerne que le produit des représentations des ouvrages dramatiques, et que la jouissance des dix années, laissée par la loi du 19 juillet 1793, concerne seulement le produit de la vente des ouvrages de littérature? Je demanderai sur quelle base on établit une pareille distinction? Si un ouvrage dramatique n'est point un ouvrage de littérature? Et si le produit de la vente de l'un, ou le produit de la représentation de l'autre, émanant de la même source, peut être soumis à un régime différent? Pourquoi donc l'homme de lettres qui, de son vivant, reçoit l'un et l'autre, perd-il à son décès, au mépris de toutes les lois, la faculté de laisser à ses héritiers une jouissance pareille à la sienne? Est-il donc condamné à passer stérilement sur la terre?

Il résulte de toutes ces lois créées et détruites tour-à-tour, qu'elles attestent seulement la nullité de la puissance législative, et qu'elles ne doivent être regardées que comme le fruit d'une erreur en politique, dont l'inexécution forcée prouve qu'on ne peut pas tolérer plus long-temps l'existence. J'ai d'ailleurs établi, en parlant des propriétés littéraires, sous le rapport du commerce de la librairie, toutes les défectuosités de la loi de 1793; je ne me répéterai pas ici.

Ces lois ne forment donc bien constamment qu'un cercle vicieux de réglemens concernant l'art dramatique; et ce serait d'après de pareilles bases, que les ouvrages des auteurs morts, suivant l'une, depuis cinq ans, suivant l'autre, depuis dix ans, deviendraient une propriété publique.

J'ai établi encore et prouvé que ce genre de propriété publique n'est qu'une propriété factice qui a jeté le trouble dans le commerce de la librairie, a causé sa ruine et celle des héritiers ou cessionnaires des auteurs, sans être profitable à personne; il ne me reste plus qu'à démontrer que la loi de 1791, conforme à l'esprit de celles de 1777 et de 1793, a porté également le trouble parmi les auteurs dramatiques et les comédiens, qu'elle a ruiné les sociétaires et directeurs de spectacles, ralenti les progrès des talens des acteurs, et ceux de l'art dramatique.

D'abord ce qu'on entend par propriété publique, n'est développé par aucunes de ces lois. L'article II de la loi de 1791, fait pressentir seulement qu'elle réside dans la représentation que tous les théâtres, indistinctement, sont libres d'en donner cinq ans après le décès de l'auteur.

Cependant si les propriétés littéraires, d'un autre genre que les ouvrages dramatiques, rendues propriétés publiques, ne sont que des propriétés illusoires, lors même qu'elles deviennent le patrimoine de plusieurs milliers d'individus, telles que celles qui se trouvent aujourd'hui la propriété exclusive de tous les libraires de l'Empire, quel avantage peut-on espérer de celles qu'on a rendues la propriété exclusive de tous les théâtres, quand le nombre de ceux qui profitent de cette loi s'élève tout au plus à une vingtaine; car il ne faut pas compter les troupes ambulantes (*)?

La loi de 1791 a donc dépouillé gratuitement les héritiers ou cessionnaires des auteurs dramatiques, sans faire de bien à personne.

Mais en faveur de qui ont-ils été dépouillés? En faveur des comédiens nés et à naître, puisque le produit de cette soi-disant propriété publique, s'absorbe dans la caisse des comédiens, pour lesquels même elle devient illusoire, et n'opère qu'un relâchement dangereux.

Il me semble cependant qu'on était en droit d'attendre de cette loi un résultat plus avantageux au moins sous ce rapport, et qu'en convertissant des propriétés particulières dès leurs naissances, en propriétés publiques, en supposant que cela soit équitable, leur produit devait appartenir au Gouvernement,

(1) Le Réglement du Ministre de l'Intérieur du 25 avril 1807, n'admet avec raison que vingt villes où il peut y avoir des troupes stables de comédiens.

seul canal par lequel il peut être reversé sur tous, et le seul qui constitue essentiellement la propriété publique.

Ce principe incontestable, qui seul, aussi, peut être la base et le terme de la jouissance d'une propriété particulière, est cependant susceptible de modifications.

Si je n'avais suffisamment prouvé, en discutant la loi de 1793 (*), que l'exhérédation des héritiers des gens de lettres, viole les principes de l'équité, l'article 732 du Code civil viendrait encore à l'appui de ce que j'ai dit à ce sujet; il porte :

La loi ne considère ni la nature, ni l'origine des biens pour en régler la succession.

Or, je demande si une distinction établie par une loi particulière, faite antérieurement et dans un temps difficile, peut encore exister au mépris de notre Code civil; et si, d'après la déclaration formelle qui s'y trouve consignée, on peut n'admettre que pour un temps limité, les héritiers des gens de lettres à la jouissance de ce droit sacré, et en priver totalement ceux de leurs cessionnaires ?

On peut encore regarder le terme que cette loi prescrit à la jouissance des héritiers des gens de lettres, comme une erreur dangereuse; car il est très-possible qu'une pièce de répertoire reste cinq ans sans être jouée; mille circonstances peuvent occasionner ce retard, et alors la loi dépouille entièrement, quoiqu'elle manifeste cependant une intention formelle de conserver pendant un temps. Elle est donc encore, sous ce rapport, absolument illusoire.

Cette loi ne peut donc pas subsister plus que celle de 1793.

Il faut donc, aux termes de l'article 732 du Code civil, rétablir les héritiers et les cessionnaires des auteurs dramatiques, comme tous ceux des gens de lettres, dans la plénitude de leur droit naturel pour ce genre de propriété, ainsi qu'ils en

(*) Pages 25 et suivantes.

jouissent pour tous les autres. Il faut même y appeler les légataires et les héritiers des cessionnaires auxquels cette justice est également due.

Par ce moyen, les auteurs en tout genre rentreront dans toute l'étendue du droit de tester, dont la loi de 1791 les frustre encore, au mépris de l'article 967 du Code civil, qui s'exprime ainsi :

Toute personne pourra disposer par testament, soit sous le titre d'institution d'héritier, soit sous le titre de legs, soit sous toute autre dénomination propre à manifester sa volonté.

On voit que la loi de 1791 prive encore les auteurs de la faculté *de manifester leur volonté*, faculté qui est accordée à tout citoyen, par l'article 967 du Code civil.

Ainsi la loi de 1791 peut aussi être regardée comme étouffant dans le cœur de l'homme de lettres, le sentiment du devoir et celui de la reconnaissance; et les soutiens des mœurs, les propagateurs de la morale publique, seraient traités dans leur patrie, dont ils supportent toutes les charges, pires que s'ils étaient étrangers, puisqu'il suffit à ceux-ci, lorsqu'ils établissent leur domicile en France, d'en faire la déclaration, pour jouir de tous les droits qui sont attachés à la qualité de Français. Ce traitement peu réfléchi, loin d'appeler chez nous ceux qui cultivent les sciences et les arts, en aurait plutôt exclus tous ceux qui s'en occupent, si le Monarque éclairé qui nous gouverne ne s'en était déclaré l'ardent protecteur.

La loi de 1791 est donc absolument étrangère au systême de toutes nos lois, basées aujourd'hui sur la justice; elle doit donc rentrer, avec la loi de 1793, dans le néant d'où elles n'auraient jamais dues sortir.

Mais en rétablissant le libre exercice du droit de citoyen pour les gens de lettres et les auteurs dramatiques, je ne crois cependant pas blesser l'équité en proposant de n'en pas étendre la plénitude à tous leurs héritiers indistinctement, sur-tout relativement au produit des représentations théatrales. Ce produit me paraît devoir être considéré sous un rapport différent de celui qui résulte des bénéfices du commerce des autres propriétés littéraires, et singulièrement de celles qui sont la base, l'aliment, le soutien, la garantie du commerce de la librairie.

Cette exception, qui semble, au premier abord, s'écarter de l'article 732 du Code civil que je viens d'invoquer, est fondée sur le cachet que la nature a posé elle-même à tout génie créateur, et comme il n'est pas en la puissance de celui qui hérite d'une pareille production, d'en augmenter la qualité, d'en faire accroître la valeur par un moyen quelconque, ainsi qu'il arrive souvent aux propriétés littéraires, lorsqu'elles deviennent, par une transmission, des objets de spéculation de commerce (*), il paraît convenable que la jouissance d'une propriété de ce genre, soit limitée par la loi, quand elle l'est par la nature.

Je n'établis point une pareille distinction à l'égard des cessionnaires; je crois que leur droit doit être considéré d'une autre manière. Comme ils ont fourni un prix équivalent à la propriété de laquelle ils sont entrés en jouissance, que ce prix représentatif de cette propriété, se trouve confondu au décès du cédant, avec la portion d'héritage qu'il laisse; qu'ainsi il transmet à sa postérité, et à l'infini, une propriété durable, et que d'un autre côté, l'équivalent de cette propriété se trouve également confondu dans les biens du cessionnaire, ou il doit conserver le même caractère que ce qui a servi à son échange, c'est-à-dire, que le prix versé pour son acquisition, il serait déplacé de faire frapper sur eux une exception qui troublerait une jouissance légitimement acquise, et ébranlerait nécessairement

(*) Par exemple, les gravures qu'un libraire fait établir pour embellir une édition, le tirage sur papier vélin et en plusieurs formats, etc.

leur commerce, comme cela est arrivé depuis 30 ans, par l'effet des lois de 1777, 1791, et 1793.

Je proposerai donc de ne pas étendre les droits successifs sur le produit des représentations des ouvrages dramatiques, au-delà d'une tête en ligne directe, ascendante ou descendante, ou de la vie de celui en faveur duquel on aurait testé. Et à l'égard du cessionnaire, de les laisser reposer sur lui et sur une tête ascendante ou descendante, ou sur la tête en faveur de laquelle il aurait testé seulement, à défaut, ou après le décès desquels héritiers ou légataires, le Gouvernement ferait verser ces produits dans la caisse des pensions affectées aux gens de lettres, musiciens ou autres cultivant les lettres, les sciences et les arts, ou à leurs veuves.

Cette espèce de tontine serait le véhicule le plus puissant pour faire fleurir les sciences et les arts, et sur-tout l'art dramatique, ainsi que l'expérience l'a prouvé, comme je viens de le dire, pendant plusieurs années, au théâtre italien et à l'opéra. Je dis sur-tout l'art dramatique, dont la propriété laissée aux comédiens, tiédit le zèle des auteurs, et ralentit l'activité des acteurs. Il n'est pas difficile de prouver ce que j'avance.

On comprend, sans peine, que si l'on présente aux comédiens des pièces dont ils jugent le succès incertain, ils préfèrent de représenter celles dont les rôles sont sus, et desquelles ils sont propriétaires, plutôt que de se fatiguer la mémoire sur des pièces nouvelles, douteuses, et qui laissent une part d'auteur à remplir. Et comme il est reconnu qu'on se trompe souvent dans ces sortes de jugemens, il s'ensuit que les progrès de l'art dramatique sont ralentis, par le découragement que les auteurs éprouvent, et que les acteurs s'énervent par une inactivité dangereuse.

Cet art n'éprouverait pas ces vicissitudes, si une représentation ne présentait pas aux comédiens plus de bénéfice qu'une autre. Naturellement portés à faire augmenter leurs recettes, ils ne pourraient y parvenir que par un travail suivi sur des nouveautés qui appelleraient le public.

Il est aisé maintenant de se rendre compte pourquoi, depuis nombre d'années, les grands théâtres n'ont point enrichi leur répertoire, et pourquoi l'art dramatique ne s'est pas perfectionné. On voit que la cause de cette décadence existe dans les lois de 1791 et de 1793, qui, pour favoriser l'établissement de plusieurs théâtres, dont l'expérience a démontré aujourd'hui l'abus, leur formait un répertoire du patrimoine des héritiers des auteurs dramatiques.

Mais tout porte à croire que ce systême touche à sa fin.

Déja le réglement du Ministre de l'Intérieur, du 25 avril dernier, qui classe les genres dans lesquels doivent se renfermer les théâtres subalternes ; le décret impérial du 8 août, qui en fixe le nombre, ont détruit, en partie, les lois de 1791 et de 1793. On peut donc se livrer à un espoir certain sur le succès de l'art dramatique, et croire qu'il sera enfin soumis à une organisation qui en garantira tous les moyens.

C'est dans cette vue que je propose un projet de réglement relatif aux produits des propriétés dramatiques.

PROJET DE RÉGLEMENT

RELATIF

AUX PRODUITS DES PROPRIÉTES DRAMATIQUES.

ARTICLE PREMIER.

La part des auteurs dramatiques, ainsi que celle des musiciens, sera prise à tous les théâtres de l'Empire, à compter du jour de la publication du présent, les frais prélevés, sur toutes les pièces anciennes ou modernes qui en forment le répertoire.

II. Le prix des loges à l'année, fait partie de la recette et entre dans la part des auteurs.

III. Les héritiers des auteurs d'un poëme ou de la musique, sont appelés à succéder au produit des représentations, pour une tête seulement en ligne directe, ascendante ou descendante; le cessionnaire, comme l'auteur, transmet sa jouissance à son ascendant ou à son descendant seulement, le légataire n'en jouit que sur sa tête. En conséquence, tous héritiers, cessionnaires, leurs héritiers, ou légataires des auteurs d'un poëme ou de la musique, sont tenus, sous un mois, à compter du jour de la publication du présent, de justifier à notre Directoire, de leur qualité; passé lequel temps, ils en seront déchus, et le produit en appartiendra au Gouvernement.

IV. Les héritiers, les cessionnaires ou leurs héritiers, ou légataires des auteurs dramatiques, ou musiciens entrant en jouissance, en vertu du présent réglement, sont soumis au droit de mutation fixé art. XXI tit. I.er, du Code projeté pour la librairie (*).

V. Tous les trois mois il sera donné, sur tous les théâtres de l'Empire, une représentation, dont le produit, les frais prélevés, sera versé à notre Directoire, pour servir de fonds à la caisse des auteurs; les pièces qui y seront jouées pour cette représentation, seront indiquées, ainsi que le jour, par notre Ministre de l'Intérieur.

VI. Il sera établi, avec les fonds fixés par l'article précédent, et ceux que Nous percevrons journellement sur les pièces de l'ancien répertoire, ainsi qu'il est dit art. III, une caisse de pensions des auteurs ou musiciens, auxquelles leurs veuves pourront également avoir droit. Les pensions de retraite des comédiens seront aussi prises sur ces fonds. Ces pensions sont insaisissables.

VII. Il ne pourra dorénavant être donné aucune représentation au profit d'un acteur ou actrice, hors les cas jugés convenables par notre Ministre de l'Intérieur.

VIII. A compter de ce jour, il est assigné à chaque auteur des trois grands théâtres, poëtes et musiciens, pour la troisième pièce qui restera au répertoire, 100 fr. de pension viagère, par acte; et 50 fr. également par acte, pour toutes celles qui les suivront.

IX. Les comédiens ne pourront acheter collectivement aucune pièce de théâtre.

X. Tout directeur de spectacles qui changera, sans l'agrément de l'auteur, le titre d'une pièce de théâtre, en l'annon-

---

(*) *Voyez* page 48.

çant sous un autre, sera condamné et par corps à une amende égale à la valeur de la recette complète de la salle, dont moitié au profit de l'auteur, et l'autre moitié à notre profit.

XI. La recette des droits des auteurs ou musiciens, sera faite dans tous les départemens de l'Empire, en même temps que la nôtre, à chaque représentation et sans frais; la caisse de notre Directoire en comptera, à bureau ouvert, aux auteurs ou musiciens (*).

XII. Il est dérogé par le présent réglement à tous autres concernant les auteurs dramatiques ou musiciens.

(*) Cette recette coûte aux auteurs environ dix-sept et demi pour cent. Les autorités constituées en recevant pour le Gouvernement, pourront également lui faire parvenir les droits d'auteurs vivans, sur lesquels leurs commettans sont souvent trompés par l'astuce des directeurs de province. C'est ce motif qui a engagé, il y a quelques années, les gens de lettres à partager leur confiance. Ils ont éprouvé à leurs dépens qu'ils l'avaient mal placée. Le moyen que je propose, les met pour jamais à l'abri d'un pareil événement.

APPERÇU

SUR

LES PROPRIÉTÉS MUSICALES ET LE COMMERCE DE LA MUSIQUE.

L'ART musical a joui, dès son origine, des prérogatives attachées à la liberté due aux beaux-arts ; et malgré les tentatives réitérées de la communauté des ménétriers et celle des maîtres à danser, pour les soumettre à leur régime, cet art a toujours été considéré, ainsi qu'il doit l'être, comme une émanation du génie, et les compositeurs de musique ont été honorablement maintenus dans son libre exercice.

Ces droits, également sacrés pour ceux qui exercent encore cette profession, sollicitent aujourd'hui en leur faveur un réglement qui les mette désormais à l'abri, non-seulement de toutes prétentions chimériques, de tout trouble passager, mais qui leur garantisse la jouissance de leurs propriétés, dont la loi du 19 juillet 1793, les a aussi privés.

Les bases de ce réglement doivent donc être particulièrement établies sur le rapport commercial des ouvrages de musique.

Le commerce de ces ouvrages n'a pas une date bien ancienne. Il paraît avoir acquis sa consistance vers le commencement du siècle dernier. Un arrêt du Conseil du 11 juin 1708, qui défend à *Lully* de faire vendre ses opéra par d'autres que par un imprimeur ou un libraire, prouve que cette branche de commerce n'était pas encore séparée à cette époque, de celui de la librairie, et qu'elle ne comportait pas, comme aujourd'hui, une vaste étendue. Quoi qu'il en soit, les marchands de musique, qui ne sont pas en grand nombre, à la vérité, ont vécu jusqu'à présent, sans réglement, malgré que leur commerce se soit considérablement accru, en raison, sans doute, des progrès de l'art musical, et de la faculté que la loi de 1793 a donnée de s'emparer do la propriété des héritiers des auteurs.

On ne peut envisager le commerce de la musique que sous ce rapport. Alors on le voit, comme celui de la librairie, entravé par la quantité de propriétés que chacun s'est attribuée inconsidérément depuis 1793, et marcher par cette seule raison à sa destruction.

J'ai décrit la cause des effets malheureux que ces propriétés factices ont produits dans le commerce de la librairie ; la stagnation de celui de la musique n'a pas d'autre source. Ce n'est donc que par une organisation, dans laquelle les musiciens-auteurs trouveront une garantie solide pour la conservation de leurs droits, et les marchands de musique, une sûreté pour leurs traités avec les auteurs, que ce commerce peut être revivifié. Ce n'est enfin qu'en rétablissant l'équilibre dans la disposition des propriétés musicales, qu'on peut affermir les différentes branches de commerce du marchand de musique ; j'en ai d'avance établi la preuve, en discutant la loi de 1793, relativement aux propriétés littéraires, au commerce de la librairie, et encore en parlant des propriétés dramatiques et de l'art musical. Il deviendrait superflu de me répéter.

PROJET DE RÉGLEMENT

DES GRAVEURS, IMPRIMEURS ET MARCHANDS DE MUSIQUE.

TITRE UNIQUE.

ARTICLE PREMIER.

AFIN d'obtenir le brevet de capacité pour l'exercice du commerce de marchand de musique, il suffira de savoir lire et écrire, et de connaître les élémens de la musique.

II. Toute personne, homme ou femme, capable de remplir les conditions ci-dessus, peut exercer ce commerce.

III. Nul n'y sera admis avant vingt-un ans accomplis; s'il n'a fait apprentissage pendant trois années consécutives, et s'il n'a servi en qualité de compagnon pendant un an.

IV. Nous exemptons tous ceux qui exercent aujourd'hui cette profession, et sans tirer à conséquence du temps d'apprentissage et de celui de compagnonage, à la charge d'en prendre les brevets à notre Directoire.

V. Les brevets d'apprentis et de compagnons, coûteront chacun 100 fr., celui de capacité coûtera 3000 fr.

VI. Les héritiers, les légataires des auteurs, leurs cessionnaires ou héritiers en ligne directe, ascendante ou descendante, seulement, rentrent dans leurs droits, à la charge, et ainsi qu'il est dit art. IV du réglement relatif aux produits des propriétés dramatiques. En conséquence, tous ceux indiqués ci-dessus sont tenus de faire leur déclaration dans le mois, à notre Directoire ou à nos Sous-directoires, sinon leur propriété sera échue au Gouvernement.

VII. Tous héritiers, cessionnaires ou légataires rentrant dans leurs propriétés, sont soumis au droit de mutation énoncé art. XXI du titre I.er du Code de la librairie (*).

VIII. Les œuvres tombées au Gouvernement, en vertu de l'article VI, seront vendues aux termes des articles X et XI du titre XII du code de la librairie.

IX. Tous les marchands de musique sont, en conséquence des articles précédens, tenus de déclarer, sous trois jours, à notre Directoire (**), à compter de la publication du présent, les exemplaires qui leur restent des ouvrages devenus propriété publique par les lois de 1777 et de 1793, et d'y apporter les planches, dont le prix leur sera remboursé, sous peine de 100 fr. d'amende par planche qui ne serait pas rapportée.

X. Les exemplaires déclarés seront de suite estampillés; ceux qui se trouveront dans le commerce sans être revêtus de l'estampille, seront considérés comme contrefaçon, et celui qui les vendra, sera réputé fabricant, et comme tel passible des peines portées contre les contrefacteurs, art. III du tit. VI du code de la librairie (***).

XI. Il est défendu à tout marchand de musique de faire imprimer aucune œuvre ou feuille volante, sans y mettre son nom,

---

(*) Page 48.

(**) Ce délai est plus que suffisant, parce que les marchands de musique gardent leur planche, et ne font tirer qu'un très-petit nombre d'exemplaires, au fur et à mesure qu'ils débitent.

(***) Page 66.

et à tous imprimeurs de tirer aucune planche en contravention au présent article, sous peine de 500 fr. d'amende.

XII. Il leur est également défendu de couvrir de leur nom celui de leur confrère, sur les ouvrages qui ne sont pas de leurs fonds, et qu'ils ne tiennent que comme assortimens, et ce sous les mêmes peines que dessus.

XIII. Aucun marchand de musique ne pourra faire imprimer, qu'en faisant sa déclaration, au terme des articles XVII et XXI du code de la librairie.

XIV. Ils sont également sujets au droit de mutation, chaque fois qu'ils acquièrent ou qu'ils vendent, sous peine de 500 fr. d'amende.

XV. Tout auteur qui ferait imprimer, à ses frais, ainsi que tout marchand, est tenu d'en déposer à notre Directoire, huit exemplaires, dans lesquels sont compris ceux de notre bibliothèque impériale.

XVI. L'apprentissage des graveurs et imprimeurs de musique, est fixé à deux ans, et le compagnonage à un an. Les brevets coûteront 50 fr., celui de capacité 1200 fr.

XVII. Ils sont, comme les marchands de musique, soumis à des visites en tout temps. Leur régime est le même que celui des imprimeurs en taille douce. Les uns et les autres sont tenus de se conformer au présent réglement.

XVIII. Avec les fonds des amendes, il sera établi une caisse de pension en faveur des marchands de musique qui éprouveraient des malheurs, ou de leurs veuves. Ceux provenant des œuvres tombées au Gouvernement, seront versés à la caisse des auteurs.

APPERÇU

SUR

LES PROPRIÉTÉS DES PEINTRES, DESSINATEURS, ET GRAVEURS EN GÉNÉRAL, SUR CELLES DES IMPRIMEURS EN TAILLE DOUCE, DES MARCHANDS D'IMAGES, D'ESTAMPES ET DE CARTES DE GÉOGRAPHIE, ET SUR LEUR COMMERCE.

JE n'entrerai point dans des répétitions inutiles, pour justifier la garantie du droit de propriété entre les peintres, dessinateurs ou graveurs en taille douce et les marchands d'estampes, d'images et de cartes de géographie. Quoique la loi de 1793 ne paraisse considérer les graveurs que comme cessionnaires des premiers, ce qui arrive quelquefois, le législateur n'a pas eu l'intention d'oublier ceux qui réunissent un double talent; ainsi ils peuvent encore être considérés sous ce rapport.

D'après les détails que j'ai donnés sur les propriétés littéraires et dramatiques, toute observation serait superflue, pour prouver que celles-ci, qui tiennent aussi au génie, doivent être soumises au même régime.

La nécessité d'un réglement qui maintienne la sécurité et l'harmonie dans les commerces attachés aux différens genres de peinture, de dessin ou de gravure, doit donc nécessairement résulter de tout ce que j'ai avancé pour les propriétés littéraires; mais ce n'est pas assez d'établir une garantie réciproque entre les auteurs et les commerçans ; ils doivent aussi, les uns et les autres, être soumis à une surveillance directe, sous le rapport des mœurs et de la morale publique.

En effet, la gravure en bois, à laquelle nous devons le type typographique, et l'invention précieuse des caractères mobiles, se trouvait comprise indirectement dans les premiers réglemens faits pour l'imprimerie. Depuis, la gravure en taille douce, ou plutôt ce qui sort de ses presses, a toujours fait partie des réglemens de la librairie. On y trouve que le débit des estampes obscènes ne peut être toléré ; mais on n'y voit point qu'il soit défendu d'en graver et d'en imprimer. Il est vrai que si un débitant ne se prêtait pas à faire écouler une pareille marchandise, le graveur et l'imprimeur ne s'en occuperaient point ; mais ce motif ne me paraît pas assez puissant pour négliger d'atteindre un délit dans sa source.

Ainsi, quoique la gravure ait toujours beaucoup de cohérence avec la librairie, son commerce particulier a pris, depuis quelques années, un si grand caractère, qu'il serait déplacé aujourd'hui d'amalgamer le réglement auquel elle peut être soumise, avec celui de la librairie.

J'en présente donc le projet séparé d'après les bases du plan que j'ai exposé.

PROJET DE REGLEMENT

CONCERNANT

LES PROPRIÉTÉS DES PEINTRES, DES DESSINATEURS, DES GRAVEURS EN BOIS, EN TAILLE DOUCE, EN LETTRES, EN CARTES DE GÉOGRAPHIE, ET RELATIF AUX IMPRIMEURS EN TAILLE DOUCE, SOIT EN LETTRES, OU AUTREMENT, AUX MARCHANDS D'ESTAMPES, D'IMAGES, CARICATURES, CARTES DE GÉOGRAPHIE ET AUTRES.

TITRE PREMIER.

Des Graveurs en bois ou en taille douce, et en lettres.

ARTICLE PREMIER.

TOUT graveur en bois ou en taille douce, qui gravera un dessin, un tableau, ou une gravure, sans le consentement formel de son auteur, en est le contrefacteur.

II. Tout contrefacteur d'un tableau, dessin, ou gravure, sera condamné envers l'auteur, et par corps, à des dommages et intérêts, équivalens à mille fois la valeur de l'objet contrefait ; en 1000 fr. d'amende envers le Gouvernement, et à la confiscation des planches et exemplaires ; s'il a mis un faux nom au bas de la planche, il est passible des peines portées art. IV du tit. VI du code de la librairie.

III. Sont réputés contrefaçons tous les dessins, tableaux ou gravures calqués ou réduits aux carreaux gravés sur cuivre ou sur bois, sans consentement de leur auteur.

IV. Le graveur qui profanerait son burin sur des sujets propres à des livres obscènes, ou contre l'état, la religion ou les mœurs, sera condamné, envers le Gouvernement, et par corps, à 2000 fr. d'amende, pour chaque gravure, et à la confiscation des exemplaires et de la planche.

V. Sera puni des mêmes peines, celui qui graverait des sujets obscènes pour les mettre dans le commerce.

VI. Quiconque gravera la lettre, soit en bois, soit en taille douce, au bas des sujets dont il est question dans les articles précédens, sera également puni des mêmes peines.

VII. Tout graveur en lettres, qui établira un volume, est soumis au Code de la librairie.

VIII. Tout graveur en bois, en lettres, en taille douce et en carte de géographie et autres, est tenu, ainsi que tout marchand, avant de mettre en vente ou dans le commerce, de faire sa déclaration, par écrit, et signée à notre Directoire, de l'ouvrage qu'il veut débiter, sous peine de 500 fr. d'amende, par corps, et confiscation de l'ouvrage; il lui sera donné expédition de sa déclaration; elle lui vaudra garantie de propriété.

IX. Il en remettra en même temps huit exemplaires, dans lesquels sont compris ceux de notre bibliothèque impériale. Faute de quoi, l'ouvrage ne pourra être annoncé ni mis en vente, sous peine de confiscation et 300 fr. d'amende.

X. Lorsqu'un graveur, un peintre, ou dessinateur, vendra, cédera, transportera ou échangera sa propriété, l'acquéreur sera tenu, pour s'en faire reconnaître propriétaire, de faire enregistrer cette mutation à notre Directoire, sous peine de 300 fr. d'amende et confiscation.

XI. L'expédition du droit de garantie est fixé à 60 francs, celui de chaque mutation est de moitié.

XII. Tous héritiers, légataires ou cessionnaires des peintres, dessinateurs ou graveurs, lorsque ceux-ci étaient propriétaires, sont appelés à rentrer dans leur propriété, au terme de l'article III du réglement relatif au produit des propriétés dramatiques.

XIII. Tous les cinq ans il sera décerné une médaille d'or de la valeur de 500 fr., au graveur qui aura perfectionné son art, en quelque genre que ce soit.

XIV. Le montant des amendes servira à établir une caisse de pensions en faveur des graveurs infirmes ou des veuves.

XV. Le présent titre est commun aux ingénieurs-géographes et aux graveurs en cartes de géographie.

TITRE II.

Des Imprimeurs en taille douce.

ARTICLE PREMIER.

NUL ne peut exercer la profession d'imprimeur en taille douce, s'il n'a fait apprentissage, compagnonage, et subi examen.

II. Sont exempts des formalités ci-dessus prescrites, tous ceux qui exercent aujourd'hui, à la charge cependant d'en prendre à notre Directoire les brevets de faveur que Nous leur accordons.

III. Le brevet de capacité d'imprimeur en taille douce, pour quelque genre que ce soit, est fixé à 1200 fr.

IV. Tout imprimeur en taille douce qui tirera des gravures obscènes, sera passible des peines portées articles IV et V du tit. I.er, concernant les graveurs, ainsi que celui qui tirerait des paroles gravées, du même genre.

V. Tout imprimeur en taille douce est tenu de mettre son nom à tout ce qu'il imprime, sous peine de 300 fr. d'amende.

VI. Aucun imprimeur en taille douce ne pourra être inquiété pour une contrefaçon, s'il déclare par qui il a été mis en œuvre; dans le cas contraire, il sera réputé le contrefacteur, et comme tel puni des peines portées art. II du tit. I.er

VII. Celui qui imprimerait pour son compte, est tenu à l'exécution des articles VII, VIII, IX et X du tit. I.er, sous les peines y portées.

VIII. Les imprimeurs en taille douce sont soumis en tout temps à des visites.

IX. Ils sont tenus d'avoir à la porte de leur domicile, sur rue, un tableau indicatif de leur état, portant qu'ils sont brévetaires du Gouvernement.

X. Tous les cinq ans il sera décerné une médaille d'or, de la valeur de 300 fr., à celui qui aura fait le meilleur tirage ou qui l'aura perfectionné.

XI. Il sera établi, avec le produit des amendes, une caisse de pensions pour les brévetaires infirmes ou pour leurs veuves.

TITRE III.

Des Apprentis, Compagnons et Ouvriers Imprimeurs en taille douce.

ARTICLE PREMIER.

ON ne pourra être reçu apprenti avant l'âge de 12 ans, et qu'on ne sache lire et écrire.

II. Le brevet coûtera 30 fr.; il sera pris à notre Directoire, sur un certificat de vie et de mœurs, présenté par l'aspirant, qui aura les qualités exigées dans l'article précédent; ce certificat sera signé au moins par deux maîtres.

III. Le temps de l'apprentissage est de deux années; il ne commencera à courir que du jour de l'acte notarié, passé avec le maître, pour les conventions particulières.

IV. Les apprentis qui ont fini leur temps depuis 1789, en recevront le brevet sur l'attestation qui leur en sera donnée par leur maître, en se présentant à notre Directoire dans le mois de la publication du présent, passé lequel temps ils sont déchus de cette faveur.

V. Son apprentissage fini, l'apprenti en retirera certificat de son maître, au bas de son brevet, qu'il a bien et fidèlement rempli ses devoirs. Le brevet de compagnon lui sera expédié sur ce certificat.

VI. Le temps du compagnonage est fixé à une année. L'expédition du brevet coûtera 30 fr.

VII. Le compagnon est tenu de faire viser son brevet tous les trois mois à notre Directoire, sur un certificat du maître chez lequel il travaille.

VIII. Les compagnons qui ont fait leur temps depuis 1789, en obtiendront le brevet d'après l'attestation de leurs maîtres, en se présentant à notre Directoire dans le mois de la publication du présent, passé lequel délai ils seront déchus de cette faveur, et ne pourront obtenir le brevet de capacité.

IX. Tout apprenti, compagnon ou ouvrier qui occasionnerait du trouble, ou participerait à celui causé pendant une visite chez son maître, sera puni de deux mois de détention. Les chefs le seront du double.

X. Les journées de compagnon commenceront en été à 6 heures du matin jusqu'à 8 heures du soir; et en hiver à 7 heures du matin jusqu'à 8 heures du soir. Ils ont une heure pour le repas du dîner.

XI. Tout compagnon qui voudra travailler en province, se munira d'une attestation à notre Directoire, cette attestation lui sera donnée sur le certificat de son maître. Il en sera de même pour ceux qui voudront venir à Paris; ils la feront viser à nos Sous-directoires.

XII. Il sera délivré une copie du présent titre en tête du brevet de l'apprenti et du compagnon, chacun en ce qui les concerne.

TITRE IV.

Des Marchands d'estampes, d'images, caricatures, cartes de géographie et autres, et de leurs apprentis.

ARTICLE PREMIER.

Pour être marchand ou marchande d'estampes, d'images, caricatures ou cartes de géographie, il suffira de savoir lire et d'avoir fait apprentissage.

II. On n'en pourra obtenir le brevet de capacité avant l'âge de 18 ans ; ce brevet coûtera 1200 fr.

III. Il est défendu à tout marchand ou marchande d'estampes, d'étaler, mettre en vente, vendre aucune estampe obscène, sous les peines portées article III du titre I.er

IV. Le marchand ou la marchande d'estampes, chez lesquels on trouverait une contrefaçon, sera considéré comme contrefacteur, s'il refuse de dire de qui il la tient, et il demeurera passible des peines portées art. II du tit. I.er

V. Les articles précédens sont communs aux marchands d'images, colporteurs, porte-balles et autres courant la campagne, qui en obtiendront la permission de nos Préfets de police. Ils statueront, en la leur donnant, sur ce qu'ils doivent payer d'après le tarif qui sera par nous réglé.

VI. Le temps de l'apprentissage est fixé à deux ans.

APPERÇU
SUR
LES FABRIQUES ET LE COMMERCE DE LA PAPETERIE.

En proposant de soumettre à des réglemens réguliers les états qui dérivent de la littérature, ou du génie des sciences, mon plan serait imparfait, si je ne présentais encore le moyen d'organiser celui à l'aide duquel le détail de toutes ces connaissances peut nous parvenir. Dans le fait, si la typographie nous transmet des lumières en tout genre, les progrès de cette sublime découverte seraient encore au berceau sans l'art de fabriquer le papier. Il est donc indispensable, en projetant la restauration de l'imprimerie, de proposer celle d'un état qui contribue à sa perfection. Les branches de la papeterie sont d'ailleurs si multipliées, qu'elles intéressent à-la-fois les sciences, les arts, et chaque particulier. Si les imprimeurs en lettres ou en taille douce emploient beaucoup de papiers pour leurs impressions, le service des bureaux, celui des tribunaux, et l'usage journalier du public, n'en consomment pas moins.

Il est donc intéressant, sous tous ces rapports, de s'occuper de la fabrication et du détail de la papeterie, dont les mal-façons et les infidélités excitent souvent, et depuis long-temps, de justes plaintes.

Les mal-façons ne peuvent pas être tolérées, les infidélités doivent être punies ; les réglemens qui garantissent des unes et des autres n'étant plus en vigueur, le fabricant et le détaillant n'ont pu être atteints. L'un étaye sa mauvaise foi d'une double prévarication, soit en ne mettant aucune marque sur son papier, soit en en mettant une étrangère ; en sorte qu'il fait tomber, de toutes les manières, sur les autres fabriques, le discrédit qui n'appartient qu'à la sienne. Le détaillant, à son tour, couvre ses fraudes du prétexte de la mauvaise manipulation de la fabrique, ou de celui de son infidélité, et il n'en résulte pour le public, que la certitude d'être trompé.

Mais s'il est des papiers défectueux, que l'appât d'un gain illicite a fait établir, il en est dont la défectuosité provient de l'ignorance dans la préparation des matières premières ; ignorance que les réglemens anciens ont encore prévue, et à laquelle la licence du désordre a malheureusement donné les moyens de se perpétuer impunément. Telle est la source de l'impéritie d'un grand nombre d'ouvriers, qui n'ont fait aucun apprentissage, et de l'incurie de ceux qui, en état de travailler, se croient en droit de ne pas observer les réglemens.

Il était impossible qu'un si coupable abandon ne produisît pas des écarts dangereux. Aussi voit-on dans presque toutes les fabriques, la bonne foi bannie du triage des papiers, et il est également fort rare que la quantité de mains dont on doit compléter la rame, contienne exactement le nombre de feuilles exigées par la loi. Très-souvent encore des rames ne sont composées que de feuilles retriées et chantonnées, dont les mains cordées sont formées de papier cassé, papiers sujets les uns comme les autres à la confiscation, et qui, aux termes des réglemens, ne doivent être employés que comme matière.

Le collage est aussi une partie trop-négligée, et cependant ce n'est pas la moins essentielle dans la fabrication du papier (*).

Ces prévarications sans nombre, qui ont favorisé celles des débitans, et sur le détail desquelles je ne m'appesantis pas, prouvent combien il est important de rappeler à la pureté des principes du commerce, ceux qui s'en sont écartés; et combien il est urgent de retrouver dans les ouvriers les connaissances nécessaires pour une bonne manipulation.

Il faut cependant convenir que tous les fabricans ne se sont pas également négligés pendant et depuis la révolution. Mais celui qu'un bon esprit a maintenu dans l'équilibre de l'équité, n'a pas toujours fait passer au débitant sa loyauté avec sa facture.

Les lois anciennes préviennent ou répriment tous ces abus, que l'expérience avait déja fait connaître; il ne s'agit donc que d'élaguer de ces lois ce qui contrarie nos mœurs actuel-

(*) Les éditions des *Etiennes*, des *Manuces*, des *Plantins*, en marge desquelles il est si facile de faire des notes manuscrites, prouvent tout l'avantage qu'on en peut retirer; ce n'est pas que des imprimeurs modernes ne nous aient donné de très-belles éditions, et sur papier suffisamment collé. Mais en général depuis la révolution, les fautes typographiques se sont multipliées, en partie, parce qu'il n'est pas facile de les établir correctement sur les épreuves, quand le papier ne comporte qu'une demi-colle, comme les fabricans en ont pris l'usage à-présent, sous le prétexte ridicule, que le papier bien collé fatigue l'ouvrier qui tire le barreau. On sait aujourd'hui que cette opinion sur l'impression en lettres est le fruit d'une routine aveugle, contraire aux bons principes et à la perfection de l'art. Il n'en est pas de même pour la gravure de la figure en taille-douce, parce que la taille du burin n'étant pas toujours également profonde, comme l'est l'œil de la lettre des caractères typographiques, il en résulte que, lorsqu'on a trempé un papier trop collé, la dissolution de la colle empâte, au tirage, les tailles légères. Cet inconvénient qui n'est point à craindre avec les presses des typographes, peut nuire à la perfection du tirage en taille-douce.

les, et d'en faire revivre ce qui peut s'accorder avec elles, en y ajoutant quelques articles commandés de nouveau par l'expérience.

La faveur qu'on accordait à la fabrication et au commerce de papiers, fit prohiber en 1697 (1) et en 1727 (2), la sortie du chiffon du Royaume. Une autre manière de voir fit rétablir en 1733 (3) la liberté de son exportation. On avait cru que le droit de sortie étant fixé très-haut, produirait un avantage à la France; mais les moyens de fraude n'avaient pas été calculés par le ministère; et comme il s'en trouve toujours des partisans zélés, on reconnut, 22 ans après, que l'arrêt du Conseil de 1733 était impolitique. Et ce ne fut qu'en 1755 (4), que les magasins de chiffons furent défendus sur les côtes des provinces maritimes, ainsi qu'à quatre lieues des bureaux de sortie; parce qu'on était convaincu que la fraude s'était établie dans tous ces endroits pour le service de l'étranger, à la faveur des acquits-à-caution qui se prenaient pour les villes frontières.

Enfin, le commerce de chiffons fut rendu entièrement libre pour l'intérieur du Royaume en 1756.

On dut, sans doute, la sagesse de ce réglement à la fatale expérience qu'un arrêt du Conseil publié en 1748 (*) avait donné. Cet arrêt, qui établissait des droits considérables sur le papier, avait fait fermer plusieurs atteliers, dont les fabricans s'étaient dégoûtés, et les ouvriers étaient passés chez l'étranger. Ces droits furent, à la vérité, supprimés peu de temps après; mais le mal se répara lentement, et ce ne fut

(1) Autorité. Arrêt du conseil du 28 mai.

(2) Autorité. *Idem*, du 4 mars.

(3) Autorité. *Idem*, du 8 mars.

(4) Autorité. *Idem*, du 18 mars.

(*) Au mois de février.

qu'en vertu de l'arrêt du Conseil de 1756, que je viens de citer, qui laissait la liberté aux fabricans de papiers, de tirer indifféremment de toutes les provinces les matières propres à la fabrication, que l'industrie reprit peu-à-peu son activité, après une stagnation de huit ans.

Avant ces funestes essais, on avait cru, avec raison, qu'en s'occupant des matières propres à la fabrication des papiers, il était nécessaire de faire aussi un réglement pour les fabricans. Ce réglement parut le 27 janvier 1739. On y trouve plusieurs articles refondus des réglemens publiés en 1688, 1727, 1730 (*) et 1732.

L'expérience fit de nouveau subir à celui de 1739, quelques modifications, qui furent réglées par un autre arrêt du Conseil, du 18 septembre 1741.

C'est donc des lois de 1739 et de 1741 qu'il suffit de s'occuper actuellement, pour en conserver tout ce qu'elles peuvent avoir de commun avec les motifs que je viens d'établir, et y ajouter ce qui peut être conforme au régime sous lequel nous vivons aujourd'hui.

Ce qui appartient aux réglemens anciens sera indiqué comme autorités, ainsi que je l'ai fait pour les réglemens de l'imprimerie et de la librairie.

(*) Celui-là avait été fait particulièrement pour la province du Limousin.

PROJET DE RÉGLEMENT

DES FABRICANS ET MARCHANDS DE PAPIERS EN GROS ET EN DÉTAIL.

TITRE PREMIER.

De la fabrication du papier en général.

ARTICLE PREMIER (1).

Les piles et toutes les machines servant à la fabrication des papiers, de quelque nature qu'elles soient, même celles qui servent à la fabrication des papiers gris, trasses et autres, ainsi que les pourrissoirs, seront placés dans des lieux clos et couverts, à l'abri des injures de l'air et de la poussière, sous peine de 3000 fr. d'amende contre les propriétaires des moulins qui les auraient donnés à loyer dans cet état; et 1000 fr. contre ceux qui les occuperaient : ces amendes seront prononcées par corps.

II. (2) Tous les fabricans sont tenus de faire purifier l'eau dont ils se servent, tant pour le lavage de la pâte destinée à fabriquer, que pour détremper la colle. En conséquence,

(1) AUTORITÉ. Réglement du 27 janvier 1739, article 2.

(2) AUTORITÉ. Réglement du 27 janvier 1739, articles 3 et 4; il ne porte l'amende qu'à 50 francs pour la première partie de l'article, et à 3 liv. pour la seconde.

ils feront passer l'eau dans quatre réservoirs sablés (*), où elle se reposera, et par le dernier desquels elle filtrera, pour être introduite dans les piles ou autres machines, servant à broyer les drapeaux, à travers un linge appelé *couloir*, sous peine de 300 fr. d'amende, par corps.

III. (1) Les drapeaux, chiffons, peilles ou drilles, destinés à la fabrication des différentes sortes de papiers, seront préparés de manière qu'ils puissent être parfaitement déchirés, éfilochés, broyés et affinés, en se servant de piles ordinaires. Dans le cas où on voudrait employer d'autres machines propres à ces opérations, nous défendons qu'il en soit fait usage avant d'avoir obtenu notre permission. Défendons pareillement de se servir d'aucune machine tranchante pour autre usage que pour préparer les matières propres à être éfilochées, broyées et affinées; le tout sous peine de confiscation desdites machines et matières, et de 200 fr. d'amende, par corps.

IV. (2) Il est défendu à tous fabricans de papier, de mêler de la chaux ou autres ingrédiens corrosifs avec la pâte destinée à la fabrication du papier, sous peine de confiscation desdites matières, même du papier qui en aurait été fabriqué, et de 300 fr. d'amende, par corps.

V. (3) Il est enjoint à tous fabricans de coller les papiers destinés à l'impression, de la même manière que ceux destinés à l'écriture, sous peine de confiscation et 300 fr. d'amende; leur défendons, sous les mêmes peines, de vendre aucuns papiers collés *à demi-colle*, si ce n'est pour la taille-douce.

(*) Ne peut-on pas ordonner que les filtres se fassent au charbon ?

(1) Autorité. Réglement du 27 janvier 1739, article 1er.

(2) Autorité. Réglement du 27 janvier 1739, article 5.

(3) Autorité. Réglement du 27 janvier 1739, article 6; pour la première partie de l'article, l'amende n'est portée qu'à 100 francs.

VI. (1) Les papiers ne pourront être lissés d'aucunes graisses ou savons, sous peine, contre le fabricant, de confiscation desdits papiers; 200 fr. d'amende et 50 fr. envers l'ouvrier appelé *saleran* qui en aurait employé.

VII. (2) Il ne sera rien changé aux différentes sortes de papiers, d'après les dimensions qui ont été fixées par le tarif joint au réglement du 18 septembre 1741, ni pour leur hauteur et largeur, ni pour leurs poids. Tous les papiers qui ne se trouveront pas conformes audit tarif, seront saisis et confisqués, et le fabricant qui les aura établis, condamné en 300 fr. d'amende; exceptons cependant les papiers dont il est parlé art. XVI.

VIII. (3) Ne pourront néanmoins encourir l'amende, les fabricans dont les papiers se trouveront, lors d'une visite, de quelques lignes au-dessus ou au-dessous dudit tarif, et lorsqu'il n'existera pas une différence dans les dimensions, au-delà d'une quarantième partie de celles qui y sont fixées.

IX. (4) Tout fabricant est tenu de mettre sur le milieu d'un des côtés de chaque feuille des différentes sortes de papier qu'il fabrique, la marque ordinaire, pour désigner la sorte de papier, et de l'autre côté de ladite feuille, son nom en entier, avec la qualité de la sorte de papier désignée par l'un de ces mots: *fin*, *moyen*, *bulle*, *vanant ou gros-bon*, avec le nom de l'endroit de sa résidence, à peine de confiscation des papiers et de 300 fr. d'amende.

---

(1) Autorité. Réglement du 27 janvier 1739, article 9.

(2) Autorité. Réglement du 27 janvier 1739, article 25.

(3) Autorités. Réglement du 27 janvier 1739, article 9; Réglement de 1741, article 2.

(4) Autorité. Réglement du 27 janvier 1739, article 11.

X. (1) Les fabricans qui marqueraient une qualité inférieure de papier du nom d'une qualité supérieure, seront punis de la peine du faux, condamnés à 1000 fr. d'amende, confiscation des papiers, et déchus pour toujours de la faculté de fabriquer le papier et d'en faire le commerce.

XI. (2) Tous fabricans qui seraient convaincus d'avoir mis un nom supposé, au lieu du leur, sur les papiers qu'ils fabriqueront ou feront fabriquer, ainsi que ceux qui feraient fabriquer du papier marqué de leur nom dans d'autres fabriques, seront également punis de la peine du faux, avec le fabricant qui s'y serait prêté, et de plus condamné chacun à l'amende de 1000 fr., confiscation des papiers et déchus pour toujours de la faculté de fabriquer ou de faire le commerce de papier.

XII. (3) Sont tenus tous les fabricans, de trier ou de faire trier exactement les feuilles dont chaque main de papier doit être composée, pour qu'il n'y ait aucun mélange de papiers de différentes qualités dans une même main ou dans une même rame, et de mettre le fin avec le fin, le moyen avec le moyen, le bulle avec le bulle, le vanant ou gros-bon avec le vanant ou gros-bon. Leur défendons expressément d'employer dans ces différentes sortes triées, des feuilles trop minces, trop courtes, trop étroites, ainsi que celles qui seraient cassées, trouées, ridées ou autrement défectueuses, sous peine de confiscation des papiers, et 300 fr. d'amende.

XIII. (4) Entend, Sa Majesté, que toutes les feuilles de

(1) Autorité. Réglement du 27 janvier 1739, article 11; il ne porte pas la peine du faux.

(2) Autorité. Réglement du 27 janvier 1739, article 12; il ne porte pas la peine du faux.

(3) Autorités. Réglement du 27 janvier 1739, article 14; *idem*, article 17.

(4) Autorité. Réglement du 27 janvier 1739, article 15; il porte l'amende à 50 francs.

papiers dont chaque main sera composée, soient d'une égale largeur. Il est défendu aux fabricans d'en rogner aucune feuille, à peine de confiscation desdits papiers mélangés, et de 100 fr. d'amende.

XIV. (1) Sous trois mois, à compter du jour de la publication du présent, les fabricans sont tenus de trier ou faire trier les différentes sortes et qualités de papiers qu'ils ont dans leurs magasins, pour être, les feuilles cassées, trouées, ridées ou autrement défectueuses, retirées des rames. Après l'expiration dudit délai, les rames parmi lesquelles il sera trouvé des papiers défectueux, seront saisies, le fabricant condamné en l'amende de 300 fr. et fermeture de sa fabrique pendant six mois.

XV. La rame de tous papiers, de quelque dimension ou de quelque poids qu'ils soient, est toujours composée de vingt mains; chaque main de vingt-cinq feuilles, non compris les feuilles d'enveloppe de dessus et de dessous, qui sont ordinairement recouvertes par la maculature. La sorte du papier dont la rame sera composée, sera marquée sur la maculature en caractères lisibles, en distinguant les qualités de *fin*, *moyen*, *bulle*, *vanant ou gros-bon*; le poids de ladite rame y sera également indiqué, sans y comprendre celui des maculatures, le nom du département dans lequel est située la fabrique, et celui du fabricant, à peine de confiscation du papier et de 100 fr. d'amende.

XVI. (2) Il est permis à tout fabricant de faire des papiers de toutes largeurs, longueurs et hauteurs; mais seulement

---

(1) Autorité. Réglement du 27 janvier 1739, article 17.

(2) Autorités. Réglement du 27 janvier 1739, articles 23 et 24; les papiers destinés pour le Levant étaient exceptés de cet article. Il y a été pourvu par un arrêt du 14 février 1739.

pour les étrangers qui les leur demanderaient, à la charge d'en faire la déclaration à notre Directoire, ou à nos Sous-directoires, dans l'arrondissement duquel la fabrique sera située, aux termes des articles XVII, XVIII, XIX, XX et XXI du Code projeté de la librairie; d'y déclarer le nombre de balles, la quantité de rames, la qualité des papiers, et d'y faire plomber le tout pour être déchargés à leur destination, après toutefois que les plombs auront été reconnus sains et entiers au Sous-directoire le plus voisin du port ou des frontières, sous peine de saisie et confiscation, et 600 fr. d'amende.

XVII. (1) Les fabricans de papiers sont sujets en tout temps à des visites; elles seront faites tant dans les moulins et magasins établis en campagne que dans les villes, à l'effet de quoi ils sont tenus d'ouvrir leurs portes, sous peine de 600 fr. d'amende; les papiers qui se trouveraient en contravention à l'article VII du présent titre, seront saisis et percés d'un poinçon outre en outre de chaque rame, à plusieurs endroits différens, pour être employés comme matière première, et le fabricant condamné, en outre, à une amende égale au prix de chaque rame saisie.

XVIII. (2) Il est défendu à tout fabricant de papiers, de faire marché d'une quantité de papiers qui excéderait le quart de ce qui se fabrique dans son moulin, sous peine de 3000 fr. d'amende.

XIX. (3) Il leur est également défendu de vendre aucunes matières réduites en pâte, propre à fabriquer le papier, à peine de 1000 fr. d'amende, tant contre le vendeur que contre l'acheteur.

---

(1) Autorités. Réglement du 27 janvier 1739, articles 32 et 33; l'amende n'y est pas fixée de la même manière.

(2) Autorité. Arrêt du conseil du 12 décembre 1730.

(3) Autorité. Réglement du 27 janvier 1739.

XX. (1) Il est permis aux fabricans de papiers de fabriquer ou faire fabriquer dans leurs moulins, les étoffes appelées *flautres* ou *feutres*, destinées à coucher leurs papiers au sortir de la forme. Ils fabriqueront lesdites étoffes, soit en laine, coton, poil ou autres matières, sans qu'ils puissent fabriquer ou faire fabriquer aucune autre sorte d'étoffes, sous peine de confiscation et de 1000 fr. d'amende.

XXI. Toutes les amendes seront prononcées par corps.

TITRE II.

Des Fabricans de papiers, des Marchands en gros et Commissionnaires.

ARTICLE PREMIER.

NUL ne pourra être bréveté fabricant de papiers, s'il n'a fait apprentissage, servi en qualité de compagnon, et subi examen sur la fabrication du papier. L'examen sera fait à notre Directoire ou à nos Sous-directoires, en présence de quatre fabricans, dont deux choisis par l'aspirant.

II. Exemptons des formalités prescrites par l'art. I.er, pour cette fois seulement, et sans tirer à conséquence, les fabricans qui sont actuellement en exercice, à la charge cependant qu'ils prendront les brevets d'apprentissage et de compagnonage, ainsi que celui de capacité, à notre Directoire ou à nos Sous-directoires.

III. Le brevet de capacité de fabricant, est de 3000 fr.;

(1) AUTORITÉ. Réglement du 27 janvier 1739, article 57.

celui de marchand en gros ou commissionnaire est fixé au même prix.

IV. (1) Le brévetaire fabricant peut prendre tel nombre d'apprentis qu'il juge à propos.

V. (2) Les brévetaires ne pourront renvoyer un compagnon ou ouvrier qu'ils ne l'aient averti deux mois d'avance, à peine de leur payer leurs journées et nourriture pendant lesdits deux mois.

VI. (3) Il est défendu à tout fabricant de débaucher les compagnons et ouvriers les uns des autres, sous peine de 500 fr. d'amende, et 3 fr. par jour au profit du maître que l'ouvrier aura quitté.

VII. (4) Il leur est également défendu d'exiger des ouvriers des tâches extraordinaires, appelées *avantages*, sous peine de 100 fr. d'amende.

VIII. (5) Aucun fabricant ne pourra embaucher un compagnon ou ouvrier, si celui-ci ne lui représente un certificat du maître qu'il aura quitté, qui constate que les formalités prescrites par l'art. VIII du titre III ont été remplies, et ce, sous les mêmes peines que dessus.

IX. (6) Les fabricans sont libres d'employer ceux de leurs

---

(1) Autorité. Réglement du 27 janvier 1739, article 53.

(2) Autorités. Réglement de 1732, arrêt du conseil du 27 janvier 1739, article 48; il fixe le délai à six semaines.

(3) Autorités. Réglement de 1732, réglement du 27 janvier 1739, article 49; il ne porte que les peines de l'article précédent.

(4) Autorité. Réglement du 27 janvier 1739, article 52; il ne porte l'amende qu'à 50 francs.

(5) Autorité. Réglement du 27 janvier 1739, article 53; il porte 300 fr. d'amende.

(6) Autorité. Réglement du 27 janvier 1739, article 47.

compagnons, ouvriers ou apprentis qu'ils jugeront à propos, sur les ouvrages qu'ils estimeront leur être les plus convenables.

X. Tout fabricant est tenu de déclarer à notre Directoire ou à nos Sous-directoires, quand un apprenti ou compagnon l'aura quitté sans sujet, sous peine de 300 francs d'amende.

XI. Sont tenus tous les fabricans, de se conformer aux 21 articles du titre premier, concernant la fabrication du papier.

XII. Tous les cinq ans il sera distribué une médaille d'or de la valeur de 1000 fr. à celui qui aura fait sortir de sa fabrique le papier le plus beau et le plus suivi, ou qui en aura perfectionné la fabrication.

XIII. Du produit des amendes il sera établi une caisse en faveur des fabricans infirmes, ou de leurs veuves.

TITRE III.

Des Apprentis et Compagnons chez les Fabricans et Marchands de papiers en gros, ou Commissionnaires.

ARTICLE PREMIER.

L'APPRENTISSAGE chez les fabricans ou marchands de papiers en gros ou commissionnaires, est de quatre années entières et consécutives ; le brevet en sera pris à notre Directoire ou à nos Sous-directoires. Le temps n'en commencera à courir que du jour de l'acte notarié, passé avec le maître.

II. Le prix du brevet d'apprentissage est fixé à 60 fr.

III. Celui de compagnonage est également fixé à 60 fr., le temps est de trois années consécutives. Le compagnon est tenu de faire viser, tous les trois mois, son brevet à notre Directoire à nos Sous-directoires, sur un certificat de son maître, qui constate qu'il fait son temps.

IV. Exemptons de ces formalités tous les apprentis ou compagnons qui ont fini leur temps depuis 1789, à la charge cependant d'en prendre les brevets à notre Directoire, sur l'attestation qui leur en sera donnée par leur maître.

V. Tout apprenti qui s'absenterait, sans cause légitime, de chez son maître, est tenu de faire le double du temps de son absence, pour la première fois ; et pour la seconde, il est déchu de son apprentissage.

VI. (1) Tous apprentis, compagnons ou ouvriers qui s'opposeraient à la distribution de l'ouvrage qu'un maître aurait jugé à propos de faire, aux termes de l'article VIII du titre II, seront condamnés chacun à 10 fr. d'amende, que le maître est autorisé à retenir sur le prix de leurs journées.

VII. Tous apprentis, compagnons ou ouvriers qui causeraient du trouble pendant une visite chez leurs maîtres, seront regardés comme rebelles au présent réglement, et comme tels, condamnés à une détention qui ne pourra pas excéder 6 mois. Les chefs le seront du double.

VIII. (2) Aucuns compagnons ou ouvriers ne pourront quitter leurs maîtres qu'ils ne les aient avertis deux mois d'avance.

---

(1) AUTORITÉ. Réglement du 27 janvier 1739, article 47.

(2) AUTORITÉ. Réglement du 27 janvier 1739, article 48 ; il porte *100 fr. d'amende, et le par corps, contre les compagnons ou ouvriers.*

IX. (1) Si un compagnon ou un ouvrier, pour se faire congédier avant le terme, gâtait par mauvaise volonté son ouvrage, et qu'il en soit convaincu, tant par la comparaison de ses ouvrages que de toute autre manière, il sera condamné, et par corps, à payer la valeur de la marchandise gâtée.

X. (2) Les compagnons et ouvriers sont tenus de faire le travail de leurs journées, moitié avant midi et l'autre moitié après-midi, sans qu'ils puissent le quitter, sous quelque prétexte que ce soit, sous peine de 3 fr. d'amende, que le maître est autorisé à retenir sur le prix de leurs journées.

XI. (3) Il est défendu à tous compagnons, ouvriers ou apprentis, de vendre aucuns papiers, ni matières, ni colles, vieux linges, vieux drapeaux, peilles ou drilles servant à la fabrication du papier, sous quelque prétexte que ce soit, sous peine de 50 fr. d'amende, et par corps.

XII. Tous les dix ans, le chef d'atelier qui aura le mieux conduit une fabrique, gagnera le brevet de capacité.

XIII. Copie du présent titre sera imprimée en tête du brevet de chaque apprenti et de chaque compagnon.

---

(1) AUTORITÉ. Réglement du 27 janvier 1739, article 50; il porte *une amende de 100 francs, et par corps.*

(2) AUTORITÉ. Réglement du 27 janvier 1739; il porte *le par corps.*

(3) AUTORITÉS. Réglement du 27 janvier 1739, articles 54 et 55; ils portent chacun *50 fr. d'amende et par corps, même d'être poursuivis à l'extraordinaire.*

TITRE IV.

Des Marchands Papetiers en détail.

Article premier.

On ne pourra être reçu marchand papetier, si on n'a fait apprentissage, compagnonage et subi examen. L'apprentissage est de trois années ; le compagnonage de deux ans. On ne pourra être reçu apprenti avant l'âge de 12 ans, et brévetaire avant celui de 21 ans.

II. Le brevet d'apprentissage, et celui de compagnonage sont fixés, chacun à 60 fr. Le brevet de capacité est de 2000 fr.

III. Les apprentis et compagnons sont soumis, chacun en ce qui le concerne, à tous les articles du titre III, concernant les fabricans.

IV. Les marchands de papier détaillans sont soumis aux articles des titres I et II, et passibles des peines qui y sont portées pour les contraventions.

TITRE V.

Des Veuves et Filles de Fabricans et Marchands de papiers, en gros et en détail.

ARTICLE PREMIER.

Les veuves de fabricans, marchands de papiers en gros et en détail, peuvent continuer leur commerce tant que dure leur viduité. Si elles se remarient, ceux qui les épousent sont tenus de se faire recevoir, s'ils ont les qualités requises.

II. Les filles en majorité ont le même droit que les veuves.

III. Les unes et les autres auront droit, en cas d'infirmité, aux secours résultans de la caisse des pensions.

IDÉES

SUR

L'ORGANISATION PROJETÉE DU DIRECTOIRE DES SCIENCES ET DES ARTS.

Le Directoire des sciences et des arts est établi à Paris. Il est formé d'un Directeur général ; de quatre Administrateurs ; d'un Inspecteur général ; d'un Secrétaire général et d'un Caissier.

Chaque Administrateur a l'administration d'une portion des Sous-directoires de l'Empire, sous les ordres du Directeur général.

L'Empire est divisé en 22 Sous-directoires.

Ces 22 Sous-directoires peuvent comporter dans leur arrondissement chacun quatre Chambres directoriales, dont la division suit :

Chefs-lieu de Sous-Directoires.	Départemens.	Chambres directoriales dépendantes du Chef-lieu.
AGEN, ...	Lot et Garonne. . .	Auch. Mont-Marsan. Pau. Tarbes.
ALEXANDRIE, . . .	Marengo. . . .	Chambery. Gap. Ivrée. Verseuil.

Chefs-lieu de Sous-Directoires.	Départemens.	Chambres directoriales dépendantes du Chef-lieu.
BESANÇON, ...	Doubs	Colmar. Épinal. Nancy. Vesoul.
BORDEAUX, ...	Gironde. . . .	Angoulême. Limoges. Périgueux. Saintes.
BRUXELLES, ...	Dyle	Anvers. Bruges. Gand. Mons.
CAEN, ...	Calvados. . . .	Alençon. Quimper. Saint-Brienne. Saint-Lô.
CAHORS, ...	Lot	Aurillac. Gueret. Rhodez. Tulle.
CHÂLONS, ...	Marne.	Bar-sur-Ornain. Chaumont. Mezières. Troye.
CLERMONT, ...	Puy-de-Dôme.	Bourges. Montbrisson. Moulins. Nevers.
GÊNES, ...	Gênes	Ajaccio. Bastia. Chiavary. Savonne.

Chefs-lieu de Sous-Directoires.	Départemens.	Chambres directoriales dépendantes du Chef-lieu.
GENÈVE, ...	Leman	Bourg. Dijon. Lons-le-Saulnier. Mâcon.
LIÈGE, ...	l'Ourthe	Aix-la-Chapelle. Luxembourg. Maëstricht. Namur.
LYON, ...	Rhône	Grenoble. Le Puy. Mende. Privas.
MARSEILLE,	Bouches-du-Rhône . .	Avignon. Draguignan. Montpellier. Nismes.
NANTES, ...	Loire-Inférieure .	Angers. Laval. Rennes. Vannes.
NICE, ...	Alpes Maritimes.	Coni. Digne. Gap. Valence.
ORLÉANS, ...	Loiret	Auxerre. Blois. Chartres. Le Mans.
PARIS, ...	Seine.	Beauvais. Laon. Melun. Versailles.

Chefs-lieu de Sous-Directoires.	Départemens.	Chambres directoriales dépendantes du Chef-lieu.
ROUEN, ...	Seine Inférieure. .	Amiens. Arras. Évreux. Lille.
STRASBOURG, .	Bas-Rhin.	Coblentz. Mayence. Metz. Trèves.
TOULOUSE, . .	Haute-Garonne .	Albi. Carcassonne. Foix. Perpignan.
TOURS, ...	Indre et Loire. . .	Château-Roux. Napoléon. Niort. Poitiers.

Les Préfets sont Administrateurs des Sous-directoires.
Les Sous-préfets Inspecteurs des Chambres directoriales.

Réflexions sur l'Arrêt du Conseil du 30 juillet 1777.

Dans les développemens que j'ai donnés concernant les propriétés littéraires et dramatiques, j'ai beaucoup parlé de la loi du 30 août 1777, concernant les contrefaçons. Je n'ai pas cru devoir citer cette loi en entier dans le cours de l'ouvrage, malgré l'espèce de conformité qu'elle a avec la loi de 1793.

Cependant, comme il est possible que beaucoup de personnes, sur-tout celles qui n'ont pas eu de rapport direct avec la librairie, n'en aient pas la mémoire récente, je ne crois pas inutile d'en rapporter ici tout le texte.

ARRÊT DU CONSEIL D'ETAT DU ROI,

Concernant les Contrefaçons des livres, soit antérieures au présent arrêt, soit celles qui seraient faites en contravention des défenses portées audit arrêt.

Du 30 août 1777.

EXTRAIT DES REGISTRES DU CONSEIL D'ETAT.

Le Roi s'étant fait rendre compte, en son Conseil, des mémoires de plusieurs libraires, sur le tort que cause à leur commerce la multiplicité des contrefaçons faites au préjudice des privilèges qu'ils ont obtenus ; Sa Majesté a reconnu que cet abus est destructif de la confiance qui est le lien du commerce, et contraire à la bonne-foi qui lui sert de base : que les auteurs ne sont pas moins intéressés que les libraires à voir réprimer, par la sévérité des peines, la licence de ces contrefacteurs avides, qui ne prennent conseil que d'un intérêt momentané, et qui seraient d'autant moins excusables aujourd'hui, qu'une loi favorable leur assure le droit d'imprimer chaque ouvrage après l'expiration de son privilège : qu'il est enfin indispensable de ramener tout le corps de la librairie à un plan de conduite, dont la raison, la prudence et l'intérêt réciproque auraient dû lui faire sentir plutôt la nécessité. Et comme on a représenté au Roi, qu'il existait un grand nombre de livres contrefaits antérieurement au présent Arrêt, et que ces livres formaient la fortune d'une grande partie *des libraires de province*, qui n'avaient que cette ressource pour satisfaire à leurs engagemens, Sa Majesté a pensé qu'il était de sa bonté de relever les possesseurs desdites contrefaçons *de la rigueur des peines portées par les réglemens* (*), et que cet acte d'indulgence, à leur égard, serait pour l'avenir le gage de leur circonspection : à quoi voulant pourvoir ; LE ROI ÉTANT EN SON CONSEIL, de l'avis de M. le garde des sceaux, a ordonné et ordonne ce qui suit :

ARTICLE PREMIER.

Défend Sa Majesté à tous imprimeurs, libraires du Royaume, de contrefaire les livres pour lesquels il aura été accordé des privilèges, pendant la durée desdits privilèges, ou même de les imprimer sans permission, après leur expiration et le décès de l'auteur, à peine de six mille livres d'amende pour la pre-

(*) Il n'y a pas d'exemple qu'un pareil motif ait jamais pu déterminer à promulguer une loi, et qu'on ait fait, chez aucun peuple, un réglement en faveur du brigandage et du vol.

mière fois, de pareille amende et de déchéance d'état en cas de récidive.

II. Les éditions faites en contravention à l'art. I.er, seront saisissables sur le libraire qui les vendra, comme sur l'imprimeur qui les aura imprimées; et le libraire qui en aura été trouvé saisi, sera soumis aux mêmes peines.

III. Les peines portées en l'article I.er n'empêcheront pas les possesseurs du privilège, au préjudice duquel une édition aura été faite, de former, tant contre l'imprimeur qui aura contrefait l'ouvrage, que contre le libraire qui aura été trouvé saisi d'exemplaires de ladite contrefaçon, sa demande en dommages-intérêts, et d'en obtenir de proportionnés au tort que ladite contrefaçon lui aura fait éprouver dans son commerce.

IV. Autorise, Sa Majesté, tout possesseur ou cessionnaire de privilèges, ou de portions d'iceux, à se faire assister, sans autre permission que le présent arrêt, d'un inspecteur de librairie, ou à son défaut, d'un juge ou commissaire de police, pour visiter, à ses risques, périls et fortune, les imprimeries, boutiques ou magasins des imprimeurs, libraires ou colporteurs, où il croirait trouver des exemplaires contrefaits des ouvrages dont il a le privilège ou partie; à la charge cependant qu'avant de procéder à aucune visite, il exhibera à l'inspecteur ou au juge ou commissaire de police, l'original du privilège ou son duplicata collationné. Autorise aussi, Sa Majesté, ceux chez qui on fera de semblables visites, à se pourvoir en dommages-intérêts contre ceux qui les feront, s'ils ne trouvent pas des contrefaçons des ouvrages dont ils auront exhibé le privilège, encore qu'ils en eussent trouvé d'autres.

V. Les exemplaires saisis, tant des éditions faites au préjudice d'un privilège, que de celles faites sans permission, seront transportés à la chambre syndicale, dans l'arrondissement de laquelle la saisie aura été faite, pour y être mis au pilon en présence de l'inspecteur.

VI. Quant aux contrefaçons antérieures au présent arrêt, Sa Majesté voulant user d'indulgence, relève ceux qui s'en trouveront saisis, des peines portées par les réglemens, en remplissant par eux les formalités prescrites par l'article suivant.

VII. Les possesseurs des contrefaçons antérieures au présent arrêt, seront tenus de les représenter *dans le délai de deux mois*, à l'inspecteur et à l'un des adjoints de la chambre syndicale, dans l'arrondissement de laquelle ils sont domiciliés, pour être *la première page de chaque exemplaire, estampillée par l'adjoint* (*) *et signée par l'inspecteur.*

VIII. Le délai de ces deux mois de grace commencera à courir contre les imprimeurs ou libraires domiciliés dans l'arrondissement des différentes chambres syndicales du Royaume, à

(*) Malgré la faveur signalée que cette loi accorde aux contrefacteurs, en les rendant paisibles possesseurs d'un bien usurpé aux légitimes propriétaires, cet article donne encore la faculté à ceux qui avaient pu être retenus par quelque crainte, de dépouiller de nouveau, et sans danger, les libraires qui venaient d'acquérir des propriétés littéraires. Le délai de deux mois qu'il accorde pour sanctionner le commerce des contrefaçons par l'estampille sur la première feuille, a fait mettre sous presse pendant ce temps, la première feuille de tous les bons ouvrages que la cupidité n'avait pas encore atteints; et le reste de ces éditions volées, a été tiré à loisir, après le délai que la loi indique. Un seul libraire des départemens, entre autres, a gagné ainsi en fraudant la loi qui lui était cependant favorable, plus de trois cent mille francs. C'est la connaissance de cet abus, notoire dans toute la librairie, qui me fait demander dans l'art. II du titre XII du projet du nouveau code, que l'estampille soit mise, et dans un court délai, sous la signature de chaque feuille, des propriétés tombées dans le commerce, en vertu des lois de 1777 et 1793.

compter du jour de l'enregistrement du présent arrêt, dans chacune d'icelles.

IX. Ledit délai de deux mois expiré, l'inspecteur renverra à M. le garde des sceaux l'estampille qu'il en aura reçu, avec le procès-verbal de ses opérations ; et dès ce moment, tous les livres contrefaits qui seront trouvés dénués de la signature de l'inspecteur et de la marque de l'estampille, seront regardés comme nouvelles contrefacons, et ceux sur lesquels ils seront saisis, soumis aux peines portées par l'article I.er ; enjoint, Sa Majesté, au sieur Lenoir, conseiller d'état, lieutenant-général de police de la ville, prévôté et vicomté de Paris, et aux sieurs intendans, commissaires départis pour l'exécution de ses ordres dans les différentes généralités du Royaume, de tenir la main, chacun en droit soi, à l'exécution du présent arrêt, qui sera imprimé, publié et affiché par-tout où besoin sera ; enregistré dans toutes les chambres syndicales, et envoyé par les syndics et adjoints de chacune d'icelles, à tous les imprimeurs et libraires de leur arrondissement.

Fait au Conseil d'état du Roi, Sa Majesté y étant; tenu à Versailles, le 30 août 1777.

Signé AMELOT.

OBSERVATIONS

SUR QUELQUES PROJETS DONT ON PRÉTEND L'EXISTENCE.

Si j'en crois les bruits qui circulent dans la librairie, il a paru plusieurs Projets sur l'Imprimerie et la Librairie, depuis que celui-ci est sous presse.

On prétend, suivant l'un, 1.° que les imprimeurs actuellement en exercice, seront dispensés d'examen, et réduits au nombre de cinquante, en prenant des précautions pour que cette réduction n'entrave pas les progrès de l'art.

2.° Que les libraires seront divisés en trois classes, desquelles un cautionnement différent établira la gradation, et qu'ils seront astreints en outre à un paiement de finance annuel, dont le défaut entraînerait l'interdiction de la profession.

3.° Qu'on ne pourra mettre, ou faire mettre sous presse, qu'en s'adressant au Préfet du domicile, qui en soumettra la demande à l'agrément du Ministre.

4.° On dit, suivant d'autres, que toutes les impressions nouvelles, ou réimpressions, seront soumises d'abord à un droit d'inscription par volume; savoir, 10 fr. pour un in-12, 20 fr. pour un in-8.°, 40 fr. pour un in-4.° et un in-folio; et de plus à un droit de timbre fixé également, d'après la nature du format, à 5 cent. pour un in-18, 10 cent. pour un in-12, 20 cent. pour un in-8.°, et 40 cent. pour un in-4.° ou un in-folio. Ce timbre servirait, dit-on, à distinguer une bonne édition d'une contrefaçon, et les commis des Douanes ou des

Droits-Réunis auraient également le droit de constater le défaut d'exécution de cette formalité.

5.° Qu'on ne pourra proposer au public aucune souscription, si on n'a fourni à l'administration une garantie suffisante de ses moyens pour l'entière livraison de l'ouvrage.

Il n'est pas difficile de prouver que ces projets, s'ils existent, n'ont pas été réfléchis.

1.° Une réduction des imprimeurs, proposée au nombre de cinquante, et qui s'opérerait avec de sages précautions, de manière à assurer les progrès de l'art, fait établir des conjectures; et la plus probable à laquelle l'homme sage puisse se fixer, est la réduction par décès. Mais d'après toutes les probabilités, les anciens imprimeurs qui ont subi examen aux Universités, qui ont fait quatre ans d'apprentissage, trois ans de compagnonage, qui ont été élevés dans l'état, qui ont trente ou quarante ans, et peut-être plus, de pratique, ceux là doivent décéder avant les modernes, qui n'ont pour la plupart ni théorie ni pratique, et, par conséquent, nulle capacité pour former des apprentis; il s'ensuivrait delà que l'imprimerie resterait livrée à des mains inhabiles, et que loin d'assurer les progrès de l'art, on en fixerait le déclin. Ces extinctions par décès priveraient en outre des héritiers d'un droit légitime, dont ils ne peuvent être dépouillés sans injustice.

2.° La proposition de diviser les libraires en trois classes, ne présente d'autre tableau à ceux qui connaissent cet état, que celui des libraires qui font fabriquer, des débitans qui tiennent toutes les nouveautés, et ceux qui ne font que l'ancienne librairie, ceux-ci sont vraiment des libraires. Mais quoique leur capacité les ait placés chacun dans une sphère différente, il n'en est pas moins vrai qu'ils ont tous, et qu'ils doivent avoir le droit de faire le commerce de la librairie dans toute son étendue. Ce droit ne peut être restreint sans nuire à celui qui est revêtu de cette qualité, et sans ouvrir la porte à la fraude.

Si, comme il est probable, on entend par la première classe des libraires, ceux qui font fabriquer, comment sera-t-il possible d'asseoir sur eux le *maximum* du cautionnement, par anticipation sur ce qu'ils pourront faire dans une année ? Tel libraire a mis dans le cours d'un an, vingt, trente ouvrages sous presse, qui sera ensuite deux ans, trois ans, sans en établir aucuns, parce que ses spéculations n'ont pas été heureuses ; et il ne gagnera à avoir payé sa qualité plus chère que les deux tiers de ses confrères, que la facilité de se ruiner plus promptement.

Il serait d'autant moins facile d'asseoir le *maximum* du cautionnement par anticipation, qu'on ne pourrait s'en rapporter qu'à la déclaration du libraire qui lui-même ignore ce qu'il pourra faire fabriquer dans une année. Si on ne le fixe qu'après un délai quelconque, on ne réussirait pas mieux ; dans l'un et l'autre cas, on verrait tous les livres imprimés par un même libraire qui, moyennant une rétribution, pourrait prêter son nom à ses confrères : ou ils feraient tous imprimer au nom de l'auteur, qu'on dit n'être passible d'aucuns droits. Il est évident que si ce projet était revêtu du caractère de loi, cette loi indiquerait par elle-même les moyens de l'éluder.

Les libraires qui se trouveraient de la seconde ou de la troisième classe, et qui voudraient jouir de la faculté de faire établir après quelques années, parce que leur commerce se serait agrandi, en auraient sans doute la liberté en payant un supplément de cautionnement. Mais celui qui aurait vu diminuer son commerce et qui serait réduit à rester mince débitant, aurait trop payé un essai dangereux. Ce mouvement qui pourrait avoir lieu chaque année, nuirait au caractère de stabilité qui appartient au commerce.

3.° La formalité à remplir avant de mettre sous presse, pour obtenir l'agrément du Ministre, par le canal du Préfet, paraît contrarier la liberté de la presse, par les lenteurs qui en résulteraient nécessairement.

4.° Le droit d'inscription proposé tant pour les impressions nouvelles que pour les réimpressions, laisserait encore beaucoup de moyens de se soustraire à la loi, sur-tout pour ces dernières, auxquelles il suffirait de donner la date d'une année antérieure.

A l'égard des éditions nouvelles, si la perception du droit de timbre n'entraînait pas de nouveaux abus, il en résulterait toujours une charge trop onéreuse pour celui qui fait fabriquer, dont les bénéfices et même les rentrées de fonds ne sont rien moins que certains. Le droit du format in-8.°, par exemple, qui est le format le plus convenable à beaucoup d'ouvrages, étant de 20 centimes, il porte à 600 fr. la perception sur une édition tirée à trois mille exemplaires, droit qu'il faut payer avant de mettre en vente. L'édition d'un in-4.°, tirée à pareille nombre, éleverait ce droit à 1,200 fr.; et si le tirage est plus nombreux, comme il arrive toujours aux livres élémentaires, qui souvent sont tirés à vingt et trente mille ou plus, et que le libraire en mette, suivant l'usage, plusieurs sous presse à la fois, ce n'est pas vingt à trente mille francs qui lui suffiraient pour pouvoir satisfaire au droit de timbre dans une année, car il ne lui faudrait que quatre à cinq éditions pour atteindre cette somme, et si le débit ne répond pas aux espérances, ce droit devient une entrave au commerce.

Je citerai encore l'impression des pièces de théâtre, qui se tirent toutes in-8.°, et à grand nombre, lorsqu'elles ont du succès; le droit de timbre de trois mille exemplaires se monterait également à 600 fr., il ne serait plus possible d'en établir au même prix; et cependant c'est une partie à laquelle plusieurs libraires se sont particulièrement adonnés. Ceux-là verraient leur commerce détruit.

On prétend que ce timbre empêcherait les contrefaçons, parce qu'on reconnaîtrait facilement les ouvrages qui ne seraient pas timbrés. Sans doute, on les reconnaîtrait chez les débitans, mais l'essentiel est d'en empêcher la fabrication, de pouvoir les connaître sous presse, et ce moyen n'y parvient pas.

On n'y réussirait pas plus en autorisant les visites par les commis des Douanes ou des Droits-Réunis; ce ne serait qu'un nouvel abus introduit. On n'ignore pas combien il leur est facile de favoriser les moyens de contrebande, et certes ils ne seraient pas plus scrupuleux pour la circulation des livres. Ils le seraient d'ailleurs, que cela porterait un très grand préjudice au commerce de la librairie, dont les envois et les arrivages seraient perpétuellement retardés.

5.° La garantie à fournir à l'administration, de ses moyens pour l'entière livraison d'un ouvrage qu'un libraire proposerait par souscription, est inexécutable et illusoire.

Inexécutable, parce que ces sortes d'opérations ne se font que pour être allégé dans des avances de fonds trop lourdes pour un seul libraire, que la bonne conduite, l'intelligence et l'activité font toujours réussir. S'il est obligé de donner une garantie de quelque nature qu'elle soit, ce sont des fonds, ou les moyens d'en faire, qui sont morts, et qu'on lui ôte le droit d'activer d'une manière utile. Si ce moyen avait déja été employé, l'Encyclopédie et mille autres bons ouvrages dont les lettres s'honorent, seraient encore dans le néant.

Cette garantie est illusoire, parce que rien n'est plus incertain que la situation d'un marchand; des revers peuvent en très-peu de temps bouleverser sa fortune.

Mais c'est assez combattre des propositions qui n'existent sûrement pas. Je crois d'ailleurs avoir prévu ces inconvéniens dans le plan que je propose.

FIN.

TABLE

DES MATIÈRES

DES DIFFÉRENS ARTS, ÉTATS ET PROFESSIONS DONT LE MAINTIEN DE L'ORGANISATION SERAIT ATTRIBUÉ A UN DIRECTOIRE DES SCIENCES ET DES ARTS.

FIN DE LA TABLE.

www.ingramcontent.com/pod-product-compliance
Lightning Source LLC
Chambersburg PA
CBHW072244270326
41930CB00010B/2256
9782019198152